# UNE ANNÉE

# A LA FERME

CHATEAUROUX. — IMP. A. MAJESTÉ.

# UNE ANNÉE
# A LA FERME

PAR

M<sup>me</sup> C. MESPLET

PARIS
LIBRAIRIE CH. DELAGRAVE
15, RUE SOUFFLOT, 15

1881

# UNE ANNÉE
# A LA FERME

## LETTRE I

*Clairefontaine, 10 janvier 187...*

Quelle surprise ne vas-tu pas éprouver, ma chère Louise, en recevant cette lettre datée de Clairefontaine! — Que fait-elle donc à la campagne en plein hiver? diras-tu. — Ah! ma chère amie, j'y pleure, hélas! et mes larmes ne tariront pas de sitôt! Ecoute le récit des malheurs qui, en fondant sur nous, nous ont forcées à venir nous réfugier dans cet atroce village.

Tu te rappelles sans doute ma dernière lettre, où je te disais que pour fêter mes dix-huit ans ma mère avait eu la bonne pensée de réunir mes amies dans une petite soirée dansante, laquelle eut lieu le 20 décembre. Au moment où nous étions le plus gais, je vis un de nos commis qui remettait à mon père une lettre, et il me sembla que ce dernier paraissait troublé en la lisant. Il quitta le salon. J'eus un instant d'inquiétude ; mais bientôt je le vis revenir avec

un air tout à fait calme. Je ne pensai donc plus à cet incident, et, notre joyeuse soirée terminée, je fus me coucher et dormis fort tranquillement. Le lendemain matin, pendant que je m'habillais, ma mère entra dans ma chambre : ses yeux étaient rougis par les pleurs. Elle me dit avec une gravité douloureuse :

— Viens, ma fille, viens près de ton père, et apprête-toi à supporter le malheur qui nous accable !...

Toute tremblante je suis ma mère sans oser l'interroger, j'entre dans le cabinet de mon père. Son visage était triste, mais résigné, et j'apprends de sa bouche... j'apprends, ma bonne amie, que nous étions ruinés et peut-être à la veille d'être déclarés en faillite ! En faillite ! Moi qui croyais qu'un tel déshonneur ne pourrait jamais nous atteindre ! Notre associé de New-York s'est livré à de fausses spéculations ; il a fui après avoir détruit les livres de la maison de commerce, et mon père doit partir au plus vite pour New-York. Juge de mon désespoir !

Mon père fit prévenir de suite son frère Étienne qui, tu le sais, est fermier à Rouelles, comme l'était mon grand-père paternel. Mon oncle est arrivé immédiatement, et après une longue conversation avec mes parents, il a été décidé que ma mère et moi irions nous installer à la ferme pendant tout le temps que durerait l'absence de mon père. Mon oncle s'est montré on ne peut plus affectueux envers nous. Il a dit à ma mère qu'il lui semblerait revivre en famille en nous ayant près de lui qui, depuis la mort de sa chère femme, vit si tristement isolé avec son fils dans cette grande ferme de Clairefontaine.

Mon père lui a répondu :

— Je n'en attendais pas moins de ton dévouement, mon cher frère. Oh ! que ne suis-je resté dans la position où j'étais né ! Pourquoi une sotte ambition m'a-t-elle fait quitter la ferme de notre père pour me lancer dans des spéculations qui mènent trop souvent à la ruine et quelquefois, hélas ! au déshonneur !

On s'est alors occupé des détails de notre position pécuniaire. En dehors des dettes commerciales nous ne devons rien, heureusement ; car ma mère a tant d'ordre qu'elle faisait payer jour par jour les dépenses du ménage. Mon oncle a soldé le mois courant de nos domestiques et prêté à mon père l'argent nécessaire au voyage qu'il va entreprendre, afin que l'on ne touchât pas à la caisse qui appartient à nos créanciers. Ma mère a voulu que ses bijoux et son argenterie fussent joints aux valeurs en caisse et au mobilier.

Enfin, chère amie, quatre jours après cette catastrophe, mon pauvre père s'embarquait pour New-York ; et après l'avoir embrassé douloureusement, nous montions dans la grosse voiture de mon oncle pour nous rendre à Clairefontaine, où nous avons été reçues avec une touchante affection par mon excellent oncle et mon cousin Charles, qui se livre comme son père à l'agriculture.

Ma bonne mère a un courage héroïque. Je sais qu'elle souffre cruellement, et elle n'en fait rien paraître au dehors... Mais moi, chère Louise, je n'ai aucune force !... Outre la douleur profonde que je ressens en songeant que mon bon père est éloigné de nous peut-être, hélas! pour longtemps, je ne puis me faire à l'idée que je suis confinée dans une horreur de campagne où je n'entendrai parler que de vaches, de moutons, de blé, de fumier, etc. Depuis notre arrivée ici je n'ai pas mis le pied dehors. Cette ferme, qui me semblait si amusante quand je venais y passer un jour avec quelques amies dans la belle saison, m'est, aujourd'hui que j'y suis exilée, une vraie Sibérie. Oh ! quel malheur que ton père ait quitté la douane du Havre pour celle de Bordeaux, juste au moment où l'adversité se déchaînait sur nous ! car je sais combien ta mère est attachée à la mienne; son amitié lui fût venue en aide. Et moi, si j'eusse pu pleurer avec toi, cela m'eût soulagée ! O mon Dieu ! que je suis malheureuse ! Plains-moi, chère Louise ! Prie la sainte Vierge pour qu'elle donne à ta triste amie le courage dont elle aurait tant besoin et qui lui fait complètement défaut.

Thérèse Duménil.

La ferme de Clairefontaine, dans laquelle M^me Duménil et sa fille venaient de trouver une amicale hospitalité, est située dans la commune de Rouelles, jolie vallée du canton de Montivilliers(1), dans cette partie de la Normandie appelée le pays de Caux et qui est, sans contredit, la plus pittoresque de cette belle province.

La maison d'habitation, bâtie en briques rouges sur le versant de la colline qui borde la vallée, est entourée d'une cour plantée de pommiers ; un talus gazonné d'une hauteur d'environ deux mètres, couronné par une double rangée de beaux ormes et d'une épaisse haie d'aubépine, forme l'excellente clôture en usage dans les fermes du pays de Caux. Une barrière en grosses poutres ferrées se ferme le soir avec un cadenas, et les maîtres du logis, les chiens aidant, sont en complète sécurité. Au bas de cette cour coule un joli ruisseau qui alimente un vivier rempli de poisson.

La maison est seule sur un des côtés de la cour, qui offre aux regards un carré d'un hectare de superficie. Les autres côtés sont occupés par les étables, les écuries et autres bâtiments d'une importante exploitation rurale. Les fumiers, placés derrière les étables et les écuries, sont entourés d'une fosse qui reçoit le purin, c'est-à-dire les déjections liquides des animaux.

(1) Arrondissement du Havre (Seine-Inférieure).

Cette cour verdoyante, ces bâtiments en bon état, leur aspect de propreté et de bien-être réjouissent la vue. On sent que les habitants sont des gens d'ordre, par conséquent des gens heureux, car l'ordre est la première condition du bonheur domestique.

Quinze jours après l'installation de M$^{me}$ Duménil et de Thérèse à Clairefontaine, on reçut une dépêche annonçant l'arrivée du négociant à New-York. Il était en bonne santé et plein de courage, persuadé, disait-il, que Dieu n'abandonnerait pas un père de famille qui mettait en lui toute sa confiance.

A la réception de ce télégramme, M$^{me}$ Duménil sentit son cœur soulagé d'une grande inquiétude. Après avoir remercié Dieu, elle prit sa fille à part et lui dit :

— Thérèse, nous voici, sinon heureuses, du moins rassurées sur le sort de ton père. Il est temps de cesser les pleurs que je te vois répandre depuis notre arrivée ici. Ton pauvre père n'a pas hésité, malgré son âge, à traverser l'Océan pendant une saison rigoureuse pour travailler à sauver son honneur, qui est le nôtre. Serions-nous donc moins courageuses que lui ? Je m'occupe de l'intérieur du ménage, afin de soulager la vieille Julie, devenue par son âge incapable de conduire avec l'ordre nécessaire une aussi forte maison. Toi seule, ma fille, restes oisive. Tu pleures dans ta chambre et n'en descends qu'à l'heure des repas. Cette conduite doit cesser; outre qu'elle témoigne d'un manque absolu de reconnaissance pour la généreuse hospitalité que ton oncle nous a offerte avec tant d'amitié, une telle conduite, si elle persévérait, serait une preuve de présomption aussi sotte que basse. Si tu te crois supérieure à ceux qui t'entourent, ce n'est pas une raison pour vivre de leur travail sans chercher à les aider.

— Oh! maman, que dites-vous là? Non, certes, je ne me crois pas supérieure à vous, à mon oncle, à mon cousin. Non, non. Mais je n'ai pas été élevée, vous le savez bien, aux travaux des champs. Voulez-vous donc que j'aille traire ou bouchonner les vaches, nettoyer les écuries, sarcler les champs?

— Ceci, Thérèse, est une ironie déplacée. Sans faire l'ouvrage des filles de basse-cour, il y a un grand intérêt à surveiller les soins qu'on donne aux animaux et les travaux de la laiterie. Mais cela viendra plus tard. Aujourd'hui, voici ce dont il s'agit : ton oncle m'a remis les clefs de la lingerie; j'ai constaté qu'il y régnait un grand désordre. La jeune lingère qui venait habituellement en journée est malade depuis plusieurs mois, et Julie s'est contentée, après chaque lessive, de mettre dans une armoire à part le linge en mauvais état. Il y a là de l'ouvrage pour longtemps, et cet ouvrage est de ta compétence.

— Chère maman, vous ne doutez pas avec quel zèle je m'y emploierai; car je vous assure que l'inaction dans laquelle je vis depuis nos malheurs augmente considérablement mon chagrin. Mais, hélas! je ne crois pas que je puisse jamais m'habituer à la campagne!

— Qu'en sais-tu, puisque tu n'en connais pas la vie ?

— Enfin, maman, je vous promets de faire mon possible, afin que vous puissiez rendre un bon témoignage à mon père de mes efforts pour prouver à mon oncle ma reconnaissance. Je tâcherai de me résigner à cette vie agricole, que je déteste.

— Eh bien! ma fille, tu n'auras que plus de mérite à accepter avec douceur une manière de vivre qui n'est pas dans tes goûts. D'ailleurs, réfléchis à ce qui nous eût attendues sans la tendre affection de ton oncle.

— Oh! maman, vous avez raison! Oui, que fussions-nous devenues au Havre? Jamais je n'aurais osé me montrer dans les rues! Oh! combien je remercie Dieu de nous avoir fait trouver un refuge dans ce village, où le nom de mon père est respecté et où nous n'avons pas à craindre la rencontre d'un créancier!

— Allons, ma fille, c'est entendu, demain lundi nous commencerons nos travaux, du moins tu commenceras, car ma vue est trop mauvaise pour que je puisse lutter avec toi.

Le lendemain, en effet, Thérèse se mit au travail avec ardeur. Nous verrons par la lettre suivante que son antipathie pour la campagne ne persista pas longtemps.

# LETTRE II

Clairefontaine, 1ᵉʳ février 187...

Je suis bien en retard, ma chère Louise, pour te remercier de la réponse si affectueuse que tu as faite à la lettre où je t'annonçais nos malheurs. Je vois que ton amitié ne pouvait que s'augmenter en face de nos douleurs; et si je ne t'ai pas exprimé plus tôt combien j'étais touchée de ta sympathie, c'est que d'une part je savais que ma mère ayant écrit à la tienne lui avait raconté que j'étais très occupée, et d'autre part je me sentais assez honteuse des doléances de ma lettre, dans laquelle, il me le semble du moins, j'étais par-dessus tout préoccupée de voir mon intéressante personne condamnée à cacher ses mérites dans une triste campagne ! Mon Dieu ! Louise, que j'étais donc absurde de me figurer que l'on peut s'ennuyer ici, quand au contraire les journées ne sont pas assez longues pour tout ce que l'on a à faire !

Mais procédons par ordre. Je prends mon récit du jour où nous reçûmes une dépêche nous annonçant l'arrivée de mon bon père à New-York. Jusque-là ma mère m'avait ce jour-là elle me fit remarquer ce que ma conduite avait de déraisonnable, et comme elle devait paraître ingrate à mon oncle. Tout le monde travaillait, excepté moi ! Et pourtant je pouvais être utile. Je n'ai pas besoin de te dire que je me rendis de suite aux remontrances si justes de ma mère. Le linge de la maison était dans un désordre pitoyable ; je me mis bravement au raccommodage installée dans ma petite chambre au premier, d'où la vue se repose sur la cour gazonnée et les beaux pommiers qui ne tarderont pas à fleurir. Tu te souviens de la ferme de mon oncle ? C'était jadis la maison de campagne de l'abbesse de Montivilliers, que mon grand-père acheta après la révolution. Aussi est-elle plus grande et mieux bâtie que ne le sont habituellement les fermes importantes de Normandie. La façade, tu ne l'as sans doute pas oublié, est ornée de rosiers de Bengale qui montent jusqu'au toit. Les autres côtés sont tapissés de jasmins et de chèvrefeuilles. A droite et à gauche de la maison s'étend un jardin pris sur la cour, entouré de haies d'aubépine et rempli d'arbres fruitiers et de légumes auxquels se mêlent des fleurs odorantes et des paniers de mouches à miel.

Tu n'es jamais montée au premier, je crois ; mais tu connais l'immense cuisine dont la belle batterie en cuivre orne si brillamment les murs. Tu t'es assise à la grande table où maîtres et domestiques mangent ensemble, non loin de la haute cheminée surmontée d'un Christ sculpté sur la pierre devant lequel mon oncle fait la prière du soir avec tous ses gens.

De cette cuisine, par laquelle on entre, on passe dans une salle de billard. Un corridor partage la maison en deux et donne accès à la chambre de mon oncle, à celle de mon cousin et à une bibliothèque. Oui, ma chère, ces paysans que je regardais comme des êtres inférieurs à moi ont une bonne bibliothèque remplie de livres sérieux, et, de plus.... un harmonium ! Charles est musicien, il touche de l'orgue et il a formé d'excellents chantres. Mais nous parlerons de cela plus tard. Montons au premier étage, après avoir remarqué en passant une petite salle de bains très confortable, je t'assure.

Nous voici donc au premier. Il est composé de quatre grandes pièces et quatre petites.

Ces dernières sont destinées aux femmes de service ; les hommes couchent, les uns dans les écuries, et d'autres au rez-de-chaussée.

Les cabinets des domestiques, qui seraient, dit-on, des chambres à Paris, sont meublés d'un lit en fer, d'une table avec pot à l'eau et cuvette, d'un miroir, d'une armoire et d'un porte-manteau. Les murs tapissés d'un papier fleuri sont ornés d'une image de la sainte-Vierge. Ces chambrettes respirent la propreté, car mon oncle ne garderait pas une domestique ne soignant pas sa chambre ou dont les effets seraient en désordre. Il est fort bon pour ses serviteurs ; il s'occupe de leur bien-être et du placement de leurs économies, et de plus il les a assurés contre les accidents à une compagnie anglaise. La prime est de soixante-quinze centimes par hectare. Ainsi nous avons ici cent hectares de terre labourable ; c'est donc soixante-quinze francs par an payés par mon oncle ; moyennant quoi, si un domestique est blessé en travaillant, il reçoit ses journées de la compagnie d'assurances tout le temps que dure son incapacité de travail (1).

(1) Ce mode d'assurance commence à se propager dans nos grandes exploitations agricoles et industrielles.

Je passe à la chambre de ma mère.

Elle est très grande. Le lit à baldaquin est entouré de rideaux en indienne à oiseaux de couleurs éclatantes, qui date de l'époque où ces étoffes venaient de l'Inde. Un beau crucifix en ivoire sur fond de velours à cadre sculpté, provenant de l'abbaye, est suspendu à la tête du lit. La commode et les autres meubles sont du temps de Louis XIV. Sur la haute et grande cheminée est une vieille mais très curieuse pendule en marqueterie de Boule. Un miroir de Venise est placé entre les deux fenêtres à petits carreaux. Quelques portraits peints à l'huile d'abbesses de Montivilliers, achetés lors de la spoliation de l'abbaye, et d'antiques fauteuils en chêne sculpté, meublent cette chambre, qui avec ses solives apparentes, ses boiseries grises et son vieux tapis représentant une chasse, a vraiment un cachet imposant. On dirait qu'elle est prête à recevoir MADAME (c'est ainsi qu'on désignait l'abbesse) en tournée dans ses terres.

Ma chambre est à côté ; elle n'est pas spacieuse comme celle de ma mère. Mon lit et mes rideaux sont également en vieille indienne *de l'Inde*, blanche et bleue. Sur ma table sont un pot à l'eau et une cuvette en vieille faïence de Rouen qui figureraient honorablement sur une étagère ; un miroir, une commode Louis XIV; la jolie statuette de la sainte Vierge que tu m'as donnée et qui est sur ma cheminée, ma table de travail dans l'embrasure de la croisée, plusieurs chaises en bois peint recouvertes d'indienne, une petite chaise basse, voilà le mobilier de mon domaine. Je passe sous silence les armoires à linge en chêne noirci par le temps et les porte-manteaux qui sont en grand nombre dans la maison.

UNE ANNÉE A LA FERME 13

Tu peux donc me voir, en imagination, installée devant

Vache Laitière.

ma table, retournant les lés d'un drap et éprouvant une sorte de joie en pensant que je suis utile à quelque chose.

Charles et moi, récite *le Bénédicité*. Le dîner se compose de la soupe et d'un plat de viande avec des légumes, du fromage et des noix pour dessert, puis le café qui en Normandie est presque une chose de nécessité. Le dimanche les repas sont plus abondants et plus recherchés.

Dîner à la ferme.

On goûte à quatre heures avec du pain et du fromage arrosé de cidre, et l'on soupe le soir à sept heures.

Le repas est à peu de chose près composé comme le dîner. Après on se met à veiller jusqu'à neuf heures un quart. Alors mon oncle fait la prière, puis l'on va se coucher.

Le dimanche, entre les offices, les jeunes gens se réunissent pour jouer au billard avec Charles ou étudier quelques motets.

Le soir, les jeunes filles viennent ici avec les sœurs. Je te parlerai un jour de ces deux excellentes personnes.

On fait une lecture amusante et morale, ou bien l'un de nos voisins, un cousin germain de mon père, mon oncle par conséquent à la mode de Bretagne, et aussi à celle de Normandie, nous fait une petite conférence scientifique appropriée à son modeste auditoire.

Cet oncle, le docteur Léon Duménil, était professeur de sciences au Lycée de Rouen ; il a dû quitter l'enseignement par suite d'une maladie de larynx. Il s'est retiré à Rouelles, son pays natal, dans une propriété contiguë à Clairefontaine. Il est aussi bon qu'il est instruit, et ne se lasse jamais de recommencer ses explications tant que ses auditeurs n'ont pas parfaitement compris. Il nous a promis de nous donner quelques notions de botanique au printemps ; il va sans dire que je te les communiquerai.

Je te quitte en te disant : A bientôt la suite.

Mille amitiés de ton affectionnée

THÉRÈSE DUMÉNIL.

# LETTRE III

Clairefontaine, 9 février 187...

Aujourd'hui nous allons visiter les étables. Tu te figures peut-être, ma chère Louise, que des étables sont des endroits où l'on doit marcher avec des échasses, afin de ne pas se souiller jusqu'aux genoux, et où il faut se boucher le nez pour éviter l'asphyxie ! On voit que tu ne connais pas les étables de mon oncle. Elles sont aérées, pavées en pente, et une rigole conduit les urines (pardon du réalisme) à la fosse au purin (nom des déjections liquides). Une bonne litière de paille que l'on met aux animaux est renouvelée chaque jour. L'odeur des étables, loin d'être fétide, est plutôt.... oui vraiment, est agréable. Une cloison en fer isole chaque vache au râtelier, de manière qu'elles mangent tranquillement sans empiéter sur la part de leur voisine. Quand les étables ont été lavées par un garçon d'écurie, ce qui serait un travail trop pénible pour une femme, car il y a ici trente vaches, sans compter les bœufs et les veaux à l'engrais ; quand, dis-je, les étables sont propres et que ces dames bovines ont été bien bouchonnées, avec un bouchon de paille pour enlever la crotte que ces personnes peu soigneuses ont sur le corps, on les reconduit chez elles, d'où elles sortent de nouveau vers six heures du soir pour être traites. Chez mon oncle on ne trait jamais à l'étable; lorsqu'il pleut on installe les vaches sous un hangar; pendant ce temps on fait leur appartement, on

Écurie en fer (Pilter).

garnit leur râtelier de bonnes rations fraîches, et les voilà qui rentrent chez elles plus heureuses que la plupart des humains. Tu me demanderas ce qu'elles mangent? Leur ordinaire se compose de racines, telles que betteraves, navets, carottes, etc., bien lavées dans le lave-racines, dont je joins ici le dessin. Le cylindre, rempli par la trémie, plonge dans le coffre plein d'eau, où les racines se nettoient en tournant; puis on ouvre le cylindre à son extrémité supérieure, et elles tombent dans le panier. Le coupe-racines les divise en menus morceaux.

On donne aussi aux vaches des choux, de la luzerne, du trèfle, du foin, de la paille hachée menu, et de l'eau avec du son.

On calcule qu'une vache doit consommer par jour cinq pour cent de son poids vif. Ainsi une belle vache pesant mille livres mange environ cinquante livres de nourriture. Mais le calcul est théorique ; car la ration dépend non seu-

Lave-racines.

lement de l'appétit des animaux, mais surtout de la qualité nutritive des aliments. Cette quantité de cinq pour cent s'entend de fourrages frais et de racines ; les fourrages secs ne sont pas consommés dans une aussi grande proportion. Les crucifères (choux, navets, etc.) doivent être donnés avec modération, à cause du mauvais goût qu'ils communiqueraient au lait. Une vache à l'étable boit, le vas-tu croire ? quatre-vingts litres d'eau ! Lorsque l'hiver empêche, comme dans ce moment, la pâture au piquet en usage dans nos contrées et que ces bonnes dames sont constipées par la *stabulation*, ou séjour prolongé à l'étable, on leur *cuisine* une soupe composée de racines cuites mélangées de son. Dès que le printemps sera de retour, on les conduira aux champs après la traite du matin, et celle du soir se fera au retour. Cependant on va quelquefois les traire à midi, quand elles sont fraîches vêlées.

Coupe-racines.

On les attache dans le champ par une corde de la longueur de trois mètres à un piquet de fer que l'on enfonce en terre à l'aide d'une massue de bois, et trois fois par jour on vient les avancer de cinquante centimètres.

Les jeunes veaux, quand ils ont quitté leur mère, sont mis dans une étable séparée, où Manette se livre à leur engraissement en leur donnant à *indiscrétion* du lait additionné de bonne recoupe, espèce de farine bise, et même des œufs crus, y compris la coquille, dans les derniers jours de l'engraissement. Te voilà édifiée sur nos étables. Dans ma prochaine lettre je te dirai comment on fabrique le beurre, qui est envoyé d'ici au marché du Havre deux fois par semaine.

Tu as appris par ta mère les bonnes nouvelles que nous avons eues de mon père ? Quel bonheur si, comme il nous le fait espérer, il est de retour dans un an ! Que Dieu le veuille, quoique ce soit encore bien longtemps à attendre.

Adieu, chère Louise, je t'embrasse de tout mon cœur. Ton amie,

Thérèse D.

Ainsi que nous le voyons par les lignes qui précèdent, la ferme de maître Etienne Duménil est une ferme modèle. Son fils, après avoir fait un voyage en Angleterre, a exécuté à Clairefontaine les améliorations que lui avait suggérées l'étude d'un pays où l'on entend admirablement l'agriculture et les soins à donner au bétail. Ainsi les écuries sont largement aérées. Chaque cheval a son box. Son harnais, confectionné de manière à ne jamais le blesser, est accroché derrière lui. Le sol en pente est pavé en briques sur champ; une rigole pour les urines règne dans toute la longueur. Les lits des charretiers sont placés à un mètre du sol à chaque extrémité de l'écurie ; une lampe suspendue au plafond donne une lumière suffisante pour la surveillance, et prévient les accidents que causent parfois les lanternes allumées par des hommes à moitié endormis. Un charretier surpris une seule fois à fumer dans l'écurie serait immédiatement renvoyé.

Les bœufs à l'engrais ont chacun leur stalle. De là un repos favorable à l'engraissement. Ils sont soignés par le garçon qui apporte aux filles de basse-cour les rations des vaches et enlève le fumier des étables.

Les écuries et les étables ont une hauteur de quatre mètres sur quatre mètres soixante centimètres de longueur ; les plafonds ainsi que les murs sont blanchis à la chaux tous les ans au printemps. Au dessus de ces bâtiments règnent des greniers à foin.

La bergerie, comme celles d'Angleterre, est grande et bien éclairée ; chaque mouton a un mètre cube d'air. De nombreux râteliers sont disposés au milieu du bâtiment ; des auges en fonte contiennent de l'eau très propre, car, contrairement à une opinion malheureusement trop répandue, les moutons ont besoin de boire souvent. Le fumier est enlevé soigneusement chaque semaine, et comme dans les étables et les écuries une rigole dirige les urines dans la fosse au purin. Des compartiments sont réservés aux bre-

Râtelier en fonte.

bis-mères et à leurs agneaux jusqu'à ce que ces derniers soient assez forts pour ne pas souffrir du contact des moutons adultes, lesquels, malgré leur réputation de douceur, sont très brutaux entre eux.

La porcherie est installée avec un soin inconnu dans nos campagnes, où l'on croit qu'il suffit de donner aux porcs un toit humide et sale, sans air ni jour. Bien que le nom de porc soit synonyme de saleté, ces pauvres bêtes ne sont point sales. On les voit à la vérité se vautrer dans des eaux fétides et boueuses, mais c'est faute d'avoir de l'eau propre

Auges à porcelets en fonte.

pour se baigner alors qu'elles sont tourmentées par les vermines qu'engendre la malpropreté où elles sont tenues. Ainsi il est à remarquer qu'entre tous les animaux de basse-cour le porc est le seul qui s'éloigne pour faire ses ordures de l'endroit où il se tient habituellement.

Les porcs à Clairefontaine sont bouchonnés chaque jour. La porcherie est précédée d'une cour dans laquelle un bassin d'eau courante permet aux habitants de se baigner à volonté.

Le bâtiment est divisé par loges, dont plusieurs, pour les mères avec leurs porcelets, sont fermées jusqu'à un mètre cinquante de hauteur; le plafond est à deux mètres cinquante du sol, qui est solidement pavé en pente avec rigoles, etc. Un corridor règne entre deux rangées de loges et permet de répartir avec facilité la nourriture dans les auges, qui, fixées à la cloison intérieure des loges, ont une ouverture extérieure dans le corridor par où l'on dépose les rations.

Dans les loges où sont réunis plusieurs porcs, des auges en fonte avec des séparations pour que chaque animal

**24** UNE ANNÉE A LA FERME

mange sans entamer la part de ses confrères, sont placées au milieu.

La nourriture consiste en son mélangé de lait, ou d'eau grasse, en racines, herbages et toute espèce de débris.

Le poulailler, non loin de la porcherie, et construit comme elle en plein midi, réunit les mêmes conditions de

Poule de Crèvecœur.

propreté et de commodité. Une porte s'ouvre sur le fumier pour que les volailles puissent y aller picorer ; une autre s'ouvre sur la cour, car outre leur nourriture en grains et en racines coupées, telles que betteraves, pommes de terre cuites, etc., l'herbe leur est très nécessaire. Une poule qui n'a pas d'herbe à volonté n'a pas le jaune de ses œufs d'une belle couleur d'or ; il est d'une nuance pâle. Dans le préau qui précède le poulailler, une couche de gros sable offre aux volailles les petits graviers qu'elles avalent, et qui sont indispensables pour la formation de la coquille de leurs œufs. Enfin les poules trouvent dans un petit ruisseau d'eau courante la boisson fraîche et limpide dont elles sont

Canard de Rouen.

si friandes; ce ruisseau alimente un bassin où les canards prennent leurs ébats.

Des poules de la race Crèvecœur, des canards de Rouen, de magnifiques dindons, des oies de Toulouse peuplent cette basse-cour, près de laquelle sont les cabanes à lapins.

Mais laissons la parole à Thérèse.

# LETTRE IV

Clairefontaine, 17 février 187...

Avant de te parler de la confection du beurre, ainsi que je te l'annonçais dans ma dernière lettre, je vais, ma chère Louise, t'enseigner comment on fait le pain ici.

D'abord tu connais le joli moulin situé non loin de la ferme, où nous allions cueillir des myosotis dans le ruisseau qui fait tourner la grande roue. Tu n'as pas oublié certainement que le grain mis dans une trémie, sorte de grand entonnoir, en tombe lentement entre deux meules, dont l'une est fixe, et l'autre, mue par la chute d'eau, tourne, écrase le blé et le réduit en farine ; celle-ci tombe dans le blutoir ou cylindre incliné dont le fond est garni de toile fine. La farine blanche et pure passe au travers, et le son, résidu de l'écorce du blé, glisse dans une boîte placée au bas du blutoir à côté de celle qui recueille la farine.

Notre froment étant moulu depuis au moins quinze jours, car la farine sortant du moulin donne moins de pain que celle qui est reposée, allons à la boulangerie. Manette vient d'apporter la quantité de farine nécessaire dans le pétrin, sorte de coffre profond en bois, après toutefois avoir mélangé d'un tiers de farine de seigle sa farine de froment, pour donner au pain un goût savoureux et en retarder le dessèchement. Le pétrin plein aux deux tiers, Manette

Moulin à eau

pratique un trou au milieu de la farine et y dépose le levain, morceau de pâte conservé de la dernière fournée qui s'était aigri et va servir à faire *lever*, c'est-à-dire fermenter la nouvelle pâte. Manette, ayant débarrassé ce levain du moisi qui était à sa surface, le délaye avec de l'eau tiède, en ajoutant à peu près le quart de la farine contenue dans le pétrin ; puis elle ramène sur cette pâte le reste de la farine et ferme hermétiquement le pétrin. La fermentation dure de cinq à douze heures, selon la saison. Lorsque le temps est rigoureux, on chauffe même la boulangerie.

Dès que la farine recouvrant le levain se fendille et bouillonne, il est temps de pétrir.

On a fait fondre du sel dans de l'eau tiède : cinq cents grammes suffisent pour saler vingt-cinq kilos de pain.

Manette, les bras nus jusqu'aux épaules, se met alors à brasser la pâte en ajoutant peu à peu l'eau salée et le reste de la farine.

Elle fourre ses poings fermés sous la pâte, la soulève vivement et la laisse retomber avec un mouvement régulier de va-et-vient jusqu'à ce qu'elle soit parfaitement lisse, de consistance convenable et ne s'attache plus aux mains. La pâte trop claire, le pain s'étalerait ; trop ferme, il serait dur et cassant. En cette matière la pratique passe la théorie. La pâte terminée est repoussée à l'une des extrémités du pétrin. Manette en coupe un morceau, qu'elle façonne en boule en le roulant dans la farine et le pèse. Elle sait qu'en cuisant le pain perdra un sixième de son poids ; elle se base là-dessus, met cette boule dans une corbeille de paille garnie de toile et saupoudrée de farine ; puis elle forme d'autres boules, sans les peser cette fois ; elle juge à vue d'œil, et remplit toutes ses corbeilles qu'elle couvre d'un linge et d'une couverture, afin que la chaleur hâte la fermentation du pain. Au bout de trois quarts d'heure environ il est temps d'enfourner.

Bien entendu, le four a été chauffé à l'avance. On y a brûlé des fagots d'épines ou de joncs-marins en les promenant avec un fourgon de fer (longue broche recourbée) sur toutes les parties de l'âtre. La flamme en montant lèche la voûte du four, qui sous l'action d'un feu continu devient blanche : signe que la chaleur est arrivée à son point. On retire alors une partie de la braise, on avance le reste à la bouche du four dont on balaye avec soin l'âtre, et l'on se met en devoir d'enfourner. Pour cela Manette prend une corbeille, en remuant doucement en tous sens le pain afin qu'il s'en détache ; elle le renverse sur une pelle de bois à long manche, lui donne vivement avec la main la dernière forme, et le lance avec adresse dans le four à la place qu'il doit occuper. Lorsque tous les pains sont alignés sans se toucher, elle ferme le four, mais elle surveille la cuisson. Si les pains se colorent trop vite, elle laisse le four ouvert; si au contraire ils restent pâles, elle ajoute de la braise à l'entrée du four. Il faut de une heure à une heure et demie pour cuire nos pains, qui sont chacun de quatre kilos.

Ce n'est pas, tu le vois, une petite affaire que de boulanger du pain pour une grande ferme comme celle de mon oncle. J'ai voulu essayer de pétrir. Ah ! ma chère amie, au bout de quelques minutes j'avais les bras cassés et j'étais en sueur ! Il faut des bras nerveux comme ceux de Manette, son habitude des gros ouvrages et son savoir-faire pour se tirer avec honneur de cette pénible besogne.

Du pain nous allons passer au beurre. L'un appelle l'autre.

Viens avec moi dans la laiterie, que tu ne connais pas, car elle a été construite depuis ton départ du Havre.

Elle forme un bâtiment dont le toit couvert en tuiles avance comme ceux des chalets, afin d'empêcher les rayons solaires de pénétrer dans la laiterie, où la température doit toujours être égale.

On descend deux marches en entrant dans les pièces, qui sont au nombre de trois. La première, l'entrée, est une petite cuisine avec fourneau, robinet d'eau sur la pierre d'évier ; bassins en fer battu, passoire pour le lait, etc., etc.

Des sabots sont déposés dans un coin ; car il n'est pas permis d'approcher du lait avant de changer de chaussure, de crainte d'apporter du dehors la plus légère mauvaise odeur.

La seconde pièce est destinée à la préparation du beurre. Là nous trouvons pour baratte l'ancienne serène normande. C'est un tonneau cerclé en cuivre, posé horizontalement sur un chevalet et muni d'une manivelle avec mancherons à chacune de ses extrémités. L'intérieur est garni d'ailes dentelées fixées contre les douves. Je vais expliquer leur rôle tout à l'heure. Passons d'abord dans la troisième pièce, la laiterie proprement dite. C'est une chambre voûtée ayant deux fenêtres placées de manière à pouvoir obtenir un courant d'air à volonté, et des ouvertures à la voûte garnies de tuyaux d'appel qui, en ventilant avec énergie, empêchent l'air de se corrompre.

Le pourtour de cette pièce est exhaussé d'une double rangée de briques d'environ un mètre de hauteur, recouvertes d'une plaque de marbre sur laquelle sont posées des terrines de grès à fond pointu qui contiennent le lait. Une table à dessus de marbre supporte les pots en grès où l'on dépose la crème levée chaque jour sur les terrines de lait au moyen d'une petite écumoire. On doit recouvrir soigneusement les pots de crème, car le contact de l'air la ferait aigrir.

Maintenant écoute-moi bien. Si tu regardais le lait au travers d'un microscope, tu y verrais de petites vessies en suspension. Comme elles sont plus légères que le lait, elles montent à sa surface et forment ce que nous appelons la crème. Prenons donc cette crème et mettons-la dans notre baratte. Le mouvement de rotation imprimé à l'aide de la manivelle par deux femmes va, en précipitant le lait contre les ailes dentelées qui garnissent notre baratte, briser ces

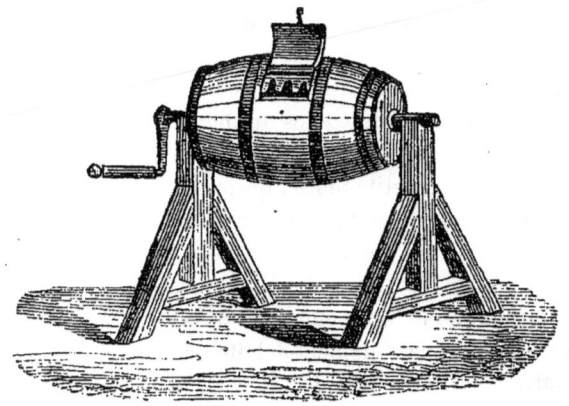

Baratte normande.

petites vessies qui contiennent le beurre. Tournons la manivelle pendant un certain temps qui varie entre une demi-heure et une heure selon la température ; bientôt le bruit fait par notre crème en clapotant dans le tonneau change de nature, il devient sourd. Ouvrons la serène : voici notre beurre formé par petits tas. Faisons alors écouler le petit lait ou lait de beurre, remplaçons-le par de l'eau, tournons pendant trois ou quatre minutes pour débarrasser le beurre du petit lait qui ne s'est pas écoulé ; retirons notre beurre et plaçons-le dans la sébile de bois préalablement trempée dans l'eau et procédons au *délaitage,* c'est-à-dire, pétrissons le beurre avec une spatule ou cuiller de bois pour en faire sortir le petit lait, dont la présence déterminerait promptement le rancissement du beurre. Quand il sera bien délaité, nous le déposerons sur une table de marbre et nous en formerons une belle motte dorée, qui sera enveloppée d'un linge mouillé, emballée dans un panier et descendue à la cave située sous la laiterie, pour attendre d'être expédiée au Havre.

Nous faisons aussi quelques pains d'un kilo. Après avoir pesé notre beurre nous le mettons en boule dans un moule de bois mouillé, en forme de couronne, et avec un disque également mouillé nous pressons la petite motte, qui prend la forme du moule et l'empreinte du nom de la ferme de Clairefontaine gravé en creux sur le disque.

Nous salons du beurre pour des provisions d'hiver. Voici comment nous nous y prenons. Nous étendons sur la sébile environ un kilo de beurre parfaitement délaité que nous saupoudrons de quatre-vingts grammes de sel, et nous le travaillons avec une spatule pour que le sel soit réparti également.

Quand nous avons ainsi salé par portions la quantité nécessaire, nous empotons le tout dans un pot de grès en pressant bien, pour qu'il ne reste pas de vides ; nous terminons par une couche de sel et nous recouvrons d'un linge et d'un gros papier.

On fait dans quelques pays, notamment à la Prévalaye en Bretagne, un beurre très estimé avec le lait doux ; mais là où nous mettons un litre de crème, il faudra huit litres de lait, car les petites vessies qui sont réunies dans un litre de crème se trouvaient en suspension dans huit litres de lait. Il faut donc des barattes fort grandes. De plus, on ne doit opérer qu'avec le lait trait du jour, et cela ne peut avoir lieu que dans les grandes exploitations.

J'aurais dû commencer par te dire que la température de la crème devait être de dix-huit à vingt degrés: nous arrivons à ce résultat en faisant séjourner dans la baratte pendant quelques minutes de l'eau froide en été, et de l'eau chaude en hiver.

— Maintenant, me diras-tu, que faites-vous de ce lait écrémé? est-il donc perdu?

Non, ma chère; rien ne se perd chez nous. D'abord nous avons nos porcs qui en absorbent une grande partie mélangé avec du son; puis nous faisons des fromages pour notre consommation.

Dès que notre lait est écrémé, nous le mettons en présure, ayant soin qu'il soit tiède, ce qui s'obtient en mettant le vase qui le contient dans l'eau bouillante.

La présure ou caillette qu'on emploie dans les campagnes est un morceau salé de l'estomac d'un jeune veau dont on délaye dans le lait un très petit fragment pour le faire coaguler: nous disons ici le faire *prendre*. Cette caillette sent très mauvais et devient facilement putride. On s'est donc ingénié à faire de la présure qui n'ait pas ces inconvénients.

Nous nous servons d'une présure liquide inventée par les trappistes de l'abbaye de *Fontgombault* (Indre). On en met quatre gouttes par litre de lait. Cette présure, qui se conserve indéfiniment, est parfaite. Elle a obtenu une médaille au concours régional de Bourges et coûte très bon marché.

Vingt-quatre heures après la mise en présure, nous mettons notre caillé dans des moules de fer-blanc troués, garnis de calicot clair, nous le laissons égoutter du jour au lendemain. Alors nous réunissons deux fromages dans un moule, car ils ont diminué de moitié en égouttant, et le lendemain nous renversons nos deux fromages qui n'en font plus qu'un sur un cajet (petit paillasson) et nous le laissons encore égoutter un jour ; après quoi nous mettons du sel fin bien sec sur toutes les faces. Le lendemain nous le salons de nouveau et changeons le cajet s'il est mouillé ; on recommence ces opérations toutes les vingt-quatre heures pendant une dizaine de jours. Au bout de ce temps une mousse blanche se forme à la surface du fromage, puis des taches bleuâtres apparaissent : il est alors ce que l'on appelle *bleu* et bon à manger.

Il est entendu que si l'on opère avec du lait non écrémé, le fromage est meilleur que fait avec du lait maigre.

Quand je veux *confectionner* un fromage à la crème, je mets en présure, ainsi que je te l'ai expliqué, trois litres de bon lait. Dès qu'il est pris je le mets dans le moule, et le matin du jour où je veux le présenter sur la table, je le verse sur un tamis de crin, je l'écrase et le passe. Puis je le malaxe avec de la crème fraîche peu épaisse, de la fleurette, comme nous disons. Je le remets dans un petit moule d'osier en cœur garni de mousseline, je le laisse égoutter environ une heure, je le renverse sur un compotier et le couvre d'un verre de crème. C'est délicieux ! Il te sera facile d'expérimenter cette recette. Je t'enverrai un petit flacon de présure de Fontgombault.

Il faut aussi que je t'enseigne un moyen bon pour des citadins de faire du beurre en très petite quantité sans baratte. Remplis de crème une bouteille à large goulot (de celles qui contiennent des conserves), bouche-la bien ; secoue vivement avec régularité de haut en bas. Au bout d'une demi-heure tu verras le beurre se former en petits grumeaux. Alors tu procèderas ainsi que je te l'ai indiqué au délaitage, et tu auras du beurre très frais qui ne t'aura donné que la peine de récolter un peu de crème sur une terrine de lait.

Maintenant passons à un ordre de choses plus élevées ; parlons de la sœur Maria, institutrice, et de la sœur Saint-Jean, qui visite les malades.

La première a trouvé le moyen, à force de patience, de fermeté et de douceur, de se faire écouter et adorer de ses élèves rustiques.

Il est vrai que nos Normands, qui sont des gens d'un bon sens pratique remarquable, savent inculquer à leurs enfants le respect dû aux maîtres.

La sœur Saint-Jean est une femme admirable qui a tout quitté pour se dévouer au service des malades.

Tu ne saurais imaginer avec quelle douce affection elle soigne ses pauvres infirmes.

Nous en avons beaucoup ici, car ce serait une honte pour une famille de mettre ses parents à l'hospice. Aussi les vieillards restent chez leurs enfants. Mais, quoique généralement respectés et aimés, ils ne sont pas toujours soignés avec intelligence. D'une part les travaux de la campagne forcent leurs enfants à les quitter souvent, et d'autre part les paysans ignorent les petits soins si nécessaires aux pauvres vieillards. La sœur est donc une providence pour eux, d'autant plus que le médecin qui vient de Montivilliers prend six francs par visite, ordonne des médicaments coûteux et souvent inutiles.

La sœur multiplie ses visites, toujours consolantes, même quand il n'y a plus d'espoir de guérison, et apporte des médicaments qui lui sont fournis par les gens aisés de la paroisse. De plus, mon oncle Léon ayant des connaissances médicales (je crois t'avoir dit qu'il était docteur en médecine), bien qu'il n'ait jamais pratiqué, aide la sœur de ses conseils. Dans les occasions graves on demande le docteur de Montivilliers. C'est un fort brave homme, qui a une nombreuse clientèle.

Il dit en riant qu'on n'a pas besoin de l'appeler dans un pays où l'on a le double bonheur de posséder un professeur de sciences et un docteur en cornette.

La sœur, comme je viens de te le dire, a une petite pharmacie; elle recueille dans les bois et dans les champs les plantes médicinales de nos contrées: violettes, bourraches, lierre terrestre, camomilles, centaurées, etc. C'est une récompense pour les enfants de l'école d'aller le jeudi avec les sœurs à la récolte des fleurs. Demain je dois me joindre à ce jeune troupeau qui ira à la cueillette des violettes. Dans ma prochaine lettre je te parlerai de mes lapins. Ceux-là sont sous ma surveillance exclusive. Je les ai placés dans des cabanes fort ingénieuses dont je suis l'architecte.

Je te raconterai tout cela. A bientôt donc et mille amitiés.

Thérèse Duménil.

Les bois qui entourent le petit village de Rouelles sont charmants. De nombreuses sources y répandent une fraîcheur délicieuse en été; mais au printemps l'humidité y est excessive. Aussi, quoique le jeudi, choisi par les bonnes sœurs pour leur petite excursion, fût une des plus belles journées de mars, on se munit de sabots pour marcher sans craindre de se mouiller dans les jolis sentiers du bois. Avec quelle joie on découvrait les endroits où la violette abondait! Quel bonheur de pouvoir courir vers la sœur en s'écriant : « Oh! chère sœur, voyez, mon panier est déjà presque plein! » — Et quel plaisir lorsque la sœur, choisissant une petite éminence, y fit asseoir ses travailleuses, prit dans son panier des tartines, des *dorées* de miel, selon l'expression normande, les distribua aux joyeuses fillettes, dont l'air vif avait aiguisé l'appétit et qui se confondirent en remerciements, sans toutefois perdre un coup de dent!

Après le goûter improvisé, la sœur Maria donna le signal du départ, et la sœur Saint-Jean invita Thérèse à l'accompagner dans une visite qu'elle allait faire à la couturière de la ferme, jeune malade qui touchait à sa fin et habitait une chaumière non loin de là.

Bien que Thérèse eût une sorte d'appréhension à la pensée de voir une personne à la mort, elle n'osa pas refuser; et pendant que les enfants s'éloignaient, elle s'engagea avec la sœur Saint-Jean dans une petite *cavée* (chemin creux) toute parfumée de violettes, qui les conduisit promptement à une chaumière de pauvre apparence, mais dont les murs en colombage étaient couverts de rosiers, de chèvrefeuilles, et le toit de chaume couronné d'iris; car en Normandie les fleurs sont une nécessité, même pour les plus pauvres. Cette chaumière, au centre d'une petite cour plantée de pommiers, close par un talus gazonné surmonté d'ormes, est composée seulement d'une pièce et d'une étable. Mais quelle différence entre la demeure des travailleurs ruraux et les mansardes des ouvriers citadins! Ces derniers respirent un air vicié, rendu brûlant ou glacé, selon les saisons, par le voisinage des toits de zinc. Ils payent fort cher le loyer du réduit où ils ont peine à placer une étroite couchette. Quant à faire leur cuisine, il n'y faut pas penser. Ils achètent une nourriture toute faite, Dieu sait à quel prix! souvent même aux dépens de leur santé, tandis que dans les rustiques demeures des champs, l'air, le soleil, les parfums entrent à flots.

L'histoire de Rose Lebreton, l'habitante de la petite chaumière vers laquelle la charitable religieuse se dirigeait avec sa compagne, était aussi simple que triste. Sa mère était morte de la poitrine après avoir vu périr plusieurs de ses enfants de cette terrible maladie, si commune en Normandie. Rose était restée seule avec son père, excellent homme, bon ouvrier, mais faible, et qui avait fini par s'adonner à l'ivrognerie. Un soir, au sortir du cabaret, il était tombé dans un fossé d'où on l'avait retiré mort le lendemain. La pauvre Rose, âgée alors de seize ans, avait continué d'habiter la maison paternelle qui lui appartenait. Grâce à sa bonne conduite et à ses talents en couture, elle eut des journées plus même qu'elle n'en pouvait faire, et sa charité trouva encore le moyen d'aider de pauvres mères de famille en leur donnant quelques journées gratis. Mais comme elle atteignait ses dix-huit ans, la maladie héréditaire se déclara, et depuis un an elle sentait la vie s'éloigner. Si la médecine est impuissante à conjurer les ravages de ce mal mystérieux, elle sait en prévoir le terme, et le docteur avait confié à la sœur Saint-Jean que la malheureuse jeune fille ne verrait pas l'été qui se préparait! La bonne sœur avait alors redoublé de soins et d'attentions pour Rose. Tous les matins elle venait faire son lit et lui apporter les petites provisions et les remèdes nécessaires ; le soir, elle retournait la coucher et la laissait sous la garde d'un chien qui paraissait lui être passionnément attaché. Cependant, voyant que la fin de la pauvre enfant s'approchait, la sœur avait demandé à une vieille femme du village de venir passer les nuits près de Rose, et cette femme devait commencer le soir même son service.

Lorsque les visiteuses entrèrent dans la chaumière, elles trouvèrent la malade assise près du feu dans un fauteuil envoyé de la ferme. Sa physionomie douce inspirait une sympathie irrésistible. En apercevant la bonne sœur, sa bouche ébaucha un sourire, qui découvrit une rangée de petites dents blanches comme des perles.

— C'est vous, bonne sœur ! dit-elle d'une voix faible. Ah ! que je vous suis reconnaissante de venir me voir aussi souvent, vous qui êtes si occupée, car vous avez plus d'un malade ! Dites-moi, comment va la pauvre Bérénice, dont vous étiez si inquiète ce matin ?

— Elle va mieux, mon enfant. Mais vous, cette après-midi, respirez-vous plus facilement ?

— Oui, ma sœur, je respire toujours mieux quand je suis dans ce bon fauteuil que l'excellent maître Duménil m'a envoyé. Mais, ajouta-t-elle en apercevant Thérèse qui se tenait à l'écart, n'est-ce pas la nièce de cet homme de bien, la demoiselle de Clairefontaine ?

— Oui, chère Rose, répondit la sœur, c'est elle que j'ai amenée avec moi pour qu'elle vît avec quelle résignation chrétienne vous savez souffrir.

— Oh ! ma bonne sœur, quel mérite ai-je à cela ? Je sais que le moment de ma délivrance approche ; mais, ainsi qu'il est écrit dans cette belle prière que vous m'avez donnée : « Si l'inévitable nécessité de mourir attriste la nature humaine, la promesse de l'immortalité future encourage et console notre foi (1)... » C'est, je le sens, un moment terrible à passer; cependant j'ai la ferme certitude que la sainte Vierge me soutiendra; cette bonne mère est si bien prévenue en ma faveur par toutes vos saintes prières, qu'elle ne manquera pas d'intercéder pour moi notre doux Sauveur. Mais pourquoi la demoiselle de Clairefontaine pleure-t-elle donc ?

— Oh! dit Thérèse d'une voix entrecoupée, je pleure de vous entendre parler de la mort si tranquillement !

— Eh! chère demoiselle, comment regretterais-je la vie? J'ai perdu mes parents, je souffre et ne peux plus travailler. N'est-il pas heureux que le bon Dieu veuille bien m'appeler à lui pour me réunir à ceux qui m'ont tendrement aimée? Je retrouverai là-haut ma bonne mère, qui a tant souffert en me quittant, mes frères et sœurs, mon cher père. Oh! seront-ils tous heureux de me revoir, car Dieu a pardonné à ce bon père de s'être laissé aller à boire, n'est-ce pas, chère sœur? C'est le chagrin seul qui en a été la cause.

— Oui, ma bonne fille, répondit la sœur, oui, Dieu est miséricordieux; il voit le fond de nos cœurs et juge le mobile de nos actions. Mais il ne faut pas tant parler, cela vous fatigue.

— Non, ma sœur, non, rien ne peut me fatiguer quand

---

(1) Car pour vos fidèles, Seigneur, mourir n'est pas perdre la vie, mais passer à une vie meilleure. Et lorsque cette maison de terre qu'ils habitent vient à se détruire, ils en acquièrent une dans le Ciel qui durera éternellement.

(*Préface des Morts*.)

vous êtes près de moi. J'ai d'ailleurs quelque chose à vous demander... voici plusieurs jours que j'hésite...

— Parlez, bonne Rose, parlez sans crainte; vous devez savoir que si ce que vous me demandez est possible, je le ferai avec bonheur.

— Oh ! oui, ma sœur, je sais depuis longtemps combien vous êtes bonne pour moi... Mais peut-être allez-vous me trouver singulière... Enfin, voici ce dont il s'agit : vous voyez mon chien ? (et elle montrait un beau chien des Pyrénées couché près de son lit et qui ne cessait de la regarder avec tristesse). Eh bien ! je voudrais que vous tâchiez de le placer de manière qu'il ne fût pas malheureux. Les bêtes ne peuvent, comme nous, sanctifier leurs souffrances; c'est pourquoi il faut être bons pour les animaux si bons pour nous. Pauvre Fido ! il ne m'a jamais quittée depuis le jour où, tout petit, je l'ai arraché des mains des enfants qui allaient le noyer ! Dans les maisons où je travaillais, on le recevait par amitié pour moi... Pauvre ami, que va-t-il devenir ?

— Je le prendrai, moi, s'écria Thérèse en sanglotant; oh ! j'en aurai soin en souvenir de vous, je vous le promets.

— Merci, bonne demoiselle, répondit la malade. Va, dit-elle au chien, va remercier celle qui sera bientôt ta maîtresse.

L'intelligent animal s'approcha de Thérèse, lui lécha les mains et revint près de sa maîtresse en gémissant.

La sœur ne voulant pas prolonger une scène attendrissante qui eût encore affaibli la jeune poitrinaire, prit la parole et dit :

— Il faut que nous rentrions au village, car la mère

Reinette attend notre retour pour venir près de vous, ma bonne Rose. Le matin, elle ne vous quittera qu'après mon arrivée. Malheureusement, dans la journée, elle garde des enfants et n'est libre que vers six heures du soir...

— Je viendrai l'après-midi, interrompit Thérèse, je viendrai ici ; ma mère me le permettra, j'en suis certaine.

— Oh ! je ne mérite pas tant de bonté ! répondit la malade.

— J'arrangerai tout cela ; soyez sans inquiétude, mes enfants, dit la sœur ; et après avoir embrassé tendrement la jeune fille, elle quitta la chaumière et reprit le chemin de la ferme avec Thérèse, qui obtint facilement de sa mère la permission d'aller tous les jours près de la mourante.

Nous allons voir, par la lettre suivante écrite à son amie, comment elle s'acquitta de ce devoir de délicate charité.

## LETTRE V

Clairefontaine, 4 mars 187...

Que de choses se sont passées, ma chère Louise, depuis que je t'ai écrit, et de quel spectacle j'ai été témoin !... Il me semble que mon âme s'est transformée pendant les quinze jours qui viennent de s'écouler ! Mais écoute-moi.

Tu te rappelles que dans ma dernière lettre je t'annonçais devoir aller le lendemain avec les bonnes sœurs et les enfants à la cueillette des violettes. C'est effectivement ce qui eut lieu et, après une joyeuse promenade, la sœur Saint-Jean me conduisit voir une jeune malade, ou, pour parler plus juste, une jeune mourante, qui m'inspira dès l'abord une extrême sympathie. Figure-toi que la pauvre fille a perdu depuis longtemps ses parents et était seule dans sa chaumière avec son chien... un chien extraordinaire... Mais n'anticipons pas. Cette jeune fille, Rose Lebreton, était la meilleure élève des sœurs ; tu ne te serais jamais doutée, en l'entendant parler, qu'elle fût une paysanne, tant elle s'exprimait avec facilité. Elle était forhabile ouvrière et venait ici en journée deux fois la semaine. Elle gagnait donc assez bien sa vie. Mais voilà qu'à la chute des feuilles elle a été atteinte d'un gros rhume qui a bientôt pris le caractère alarmant du mal de poitrine dont sa mère et ses frères et sœurs sont morts. Elle a dû s'aliter ; sa position s'est aggravée avec une rapidité effrayante, et sa fin paraissait imminente lorsque la sœur Saint-Jean m'a menée chez elle. J'y fus, je te l'avoue, avec une certaine répugnance ; mais quand je vis cette charmante fille si douce et si résignée, je me sentis de suite affectionnée pour elle comme si je l'eusse connue depuis longtemps. La sœur la visitait deux fois par jour ; une vieille femme passait la nuit près d'elle ; mais dans le milieu du jour la pauvre malade étant seule, j'obtins de ma mère la permission d'aller les après-dîners près d'elle. Te dire avec quelle reconnaissance Rose accepta ce qu'elle appelait mon dévouement est chose impossible ! Il n'est pas jusqu'à son chien qui ne me témoignât de l'affection chaque fois que j'arrivais. Il faut que tu saches que j'avais promis à la pauvre malade de me charger de la bonne bête en cas de malheur...et vraiment le chien avait compris ! Enfin je continuai mes visites sans interruption. La résignation de Rose était telle, son visage reflétait tant de calme, que je finis au bout de quelques jours par me persuader, malgré les observations de la bonne sœur, dont la perspicacité apercevait les symptômes d'une fin prochaine, je me persuadai, dis-je, que la malade guérirait. Mais jeudi dernier, au moment où j'arrivais, je trouvai la sœur près du lit de Rose, qui était plus pâle que d'habitude. Elle n'avait pas dormi de la nuit et se sentait si faible qu'elle avait demandé à recevoir les derniers sacrements. M. le curé venait même de la confesser. Elle avait désiré que la sœur Saint-Jean la changeât de linge et lui mît sa coiffe des dimanches, afin, disait-elle, en souriant tristement, d'être en toilette pour recevoir la visite du bon Dieu.

Dès qu'elle m'aperçut, elle me dit :

— Bonne demoiselle, vous n'aurez plus longtemps à continuer vos ennuyeuses visites... Mais soyez tranquille, je dirai au bon Dieu ce que vous avez été pour moi... ainsi que nos chères sœurs, votre vénérable oncle... et les habitants de Rouelles tous si bons pour moi... Vraiment j'en aurai long à dire !... Mais Dieu connaît les bienfaits que j'ai reçus. Ils sont déjà inscrits sur son livre d'or.

— Oh ! m'écriai-je, ne dites pas que vous allez mourir, chère Rose, non, non, c'est impossible ! Voilà l'été qui s'approche ; le soleil aidera à votre guérison.

— Oui, bonne demoiselle, mais ce sera le soleil de la présence de Dieu qui me guérira pour l'éternité ! Ne pleurez pas. Je vais mourir bien jeune à la vérité, mais croyez-vous que si j'eusse soixante ans, je ferais plus facilement le sacrifice de ma vie ? Au contraire, dit-on, plus on vit et plus l'on voudrait vivre. Dans ce moment Dieu me fait la grâce de regarder la mort comme une délivrance; qui sait si plus tard je la verrais arriver du même œil ? Priez avec moi, je vous le demande. Il faut que je prépare mon âme à la visite de mon Sauveur... M. le curé ne saurait tarder à revenir... Récitez le chapelet toutes deux, priez notre divine Mère de m'assister dans ce moment suprême !

La sœur, après avoir arrangé sur une petite table un crucifix, de l'eau bénite et des bougies allumées, se mit à genoux ainsi que moi et nous récitâmes le chapelet. Comme nous le finissions les cloches sonnèrent, et bientôt M. le curé arriva suivi de la sœur Maria, de ma mère et de beaucoup d'habitants du village, qui se mirent à genoux dehors tout le temps que dura la cérémonie. Il ne resta dans la chambre que le prêtre, les sœurs, ma mère, moi et quelques domestiques de la ferme.

Ah ! ma chère Louise, que notre religion est sublime et quelle force elle communique aux faibles ! A mesure que le prêtre faisait les onctions sacrées, la physionomie de la mourante se transformait... toute trace de souffrance disparaissait... elle était heureuse ! Lorsque tout fut terminé, elle prit la parole et dit : « Monsieur le curé, mes chères sœurs qui m'avez fait connaître et aimer Dieu, mes bons voisins et amis qui avez assisté chacun selon vos moyens la pauvre orpheline, je ne puis que vous remercier ; mais Dieu vous rendra au centuple le bien que vous m'avez fait... Avant de recevoir la sainte communion pour la dernière fois, je vous demande à tous pardon si je vous ai offensés involontairement. »

A ce moment les sanglots éclatèrent, et des voix s'écrièrent : — « Oh ! jamais bonne Rose, jamais tu n'as offensé personne ; tu es une brebis du bon Dieu. »

M. le curé adressa alors quelques paroles touchantes à la mourante avant de lui présenter le pain de vie. Nous nous prosternâmes ; et, lorsque la communion fut donnée, chacun s'éloigna, sauf les sœurs, ma mère et moi. Au bout de quelques instants la sœur Saint-Jean s'approcha doucement de Rose, puis regarda avec anxiété ma mère. Le visage de Rose était transfiguré, mais ses yeux restaient fermés. Ma mère prit un petit miroir accroché à la muraille, le présenta devant les lèvres de la jeune fille et le replaça sur la table. Je ne savais ce que cela signifiait. Mais lorsque je la vis s'agenouiller et commencer le *De profundis*, je compris!... la pauvre Rose était morte!... son âme s'était exhalée dans un soupir d'amour pour son Créateur!

Je ne puis t'exprimer la poignante émotion qui s'empara de moi... les paroles ne peuvent rendre l'effet terrible pro-

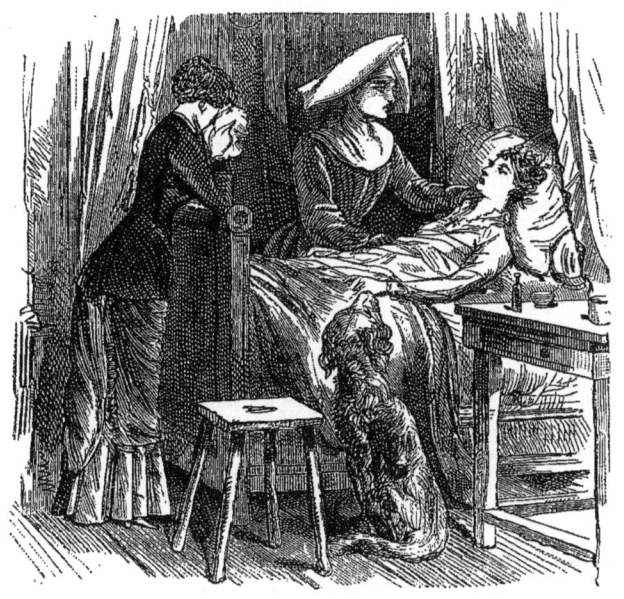

Mort de Rose.

duit sur l'âme par la mort; mais il est impossible de dire ce qu'on éprouve... on se sent glacé jusqu'au fond du cœur! O mon Dieu! comment ceux qui n'ont pas foi dans la résurrection peuvent-ils supporter la pensée que tout est fini pour les êtres qu'ils ont aimés?

Les prières dites, nous nous occupâmes de la dernière toilette de la pauvre morte. Comme elle venait d'être changée, nous la laissâmes habillée telle qu'elle était; seulement je lui mis une couronne de violettes blanches, symbole de ses vertus modestes!... Tu ne saurais imaginer comme elle était belle ! son front si pur était encadré par ses beaux cheveux blonds... sa bouche semblait sourire, ses mains jointes sur sa poitrine tenaient le crucifix qui avait déjà reposé sur le cœur de ses bien-aimés parents... Sa physionomie était si calme, que je ne pouvais me persuader qu'elle fût morte; et à force de la regarder, je croyais la voir respirer... Hélas! quelle illusion!

Nous avons couvert son lit d'un drap blanc et semé dessus des violettes. Tout le village est venu jeter de l'eau bénite sur elle en pleurant.

Ma mère a passé la première nuit près d'elle avec sœur Saint-Jean ; et Manette, la seconde avec sœur Maria. Ma mère ne m'a permis d'y rester que dans la journée.

Et le pauvre Fido, ma chère, il était près du lit et ne cessait de hurler plaintivement sans bouger. C'était navrant !

Samedi matin, jour de la Sainte-Vierge, on a mis l'humble fille des champs dans sa bière... Je l'ai embrassée... Ah! ma chère amie, si tu savais ce que c'est que d'embrasser un mort!... Ce front glacé, mais d'un froid qui ne ressemble à aucun autre froid... c'est affreux... et l'on a le cœur serré comme si on allait étouffer !...

Le cercueil couvert d'un drap blanc, orné de couronnes de mousse, de violettes, et de muguet, a été porté à l'église par les filles de la confrérie. Comme je n'en fais pas encore partie, je suivis avec ma mère et toutes les femmes de

Rouelles. Les hommes venaient derrière. On a chanté une grand'messe, accompagnée par Charles; puis on a été déposer la chère fille dans le cimetière qui touche à l'église. Là nous avons été témoins d'une scène réellement déchirante. Le pauvre Fido, que j'avais réussi à enfermer dans l'étable pendant qu'on mettait sa jeune maîtresse

dans le cercueil, s'est échappé, je ne sais comment, et est arrivé tout haletant se jeter dans la fosse. Ce n'est qu'en entendant ma voix l'appeler à plusieurs reprises qu'il a fini par venir vers moi; et depuis il ne m'a plus quittée. Lorsque je vais à la messe, il m'accompagne jusqu'à l'église, va m'attendre sur la tombe de Rose ; et, quand je sors, il revient avec moi à la ferme.

Cette mort m'a frappée douloureusement et m'a inspiré des réflexions qui ne s'étaient jamais présentées à mon esprit, ou du moins auxquelles je ne m'étais jamais arrêtée.

Je me dis avec terreur qu'un jour je perdrai mes parents... O Louise, combien il est cruel de penser qu'un moment arrivera où nous ne pourrons plus leur témoigner notre tendresse! Avec quel soin ne faut-il pas éviter de leur donner le moindre sujet de mécontentement... Quels remords n'aurions-nous pas si, lorsqu'ils ne seront plus, nous avions à nous reprocher même un léger tort vis-à-vis d'eux... Comme je vais être attentive à ne pas contrarier ma bonne mère !... Mais que cette certitude d'une cruelle séparation, si éloignée qu'elle paraisse, est donc affreuse!

Il est vrai que cette séparation sera courte, comparée à la réunion éternelle. La résignation de cette douce fille me fait faire un retour sur moi-même. Quand je songe qu'il y a si peu de temps je me trouvais la personne la plus malheureuse de la terre, parce que la perte de la fortune de mon père me forçait d'habiter une belle campagne où j'étais entourée d'affections, je suis honteuse... Mon Dieu! que je suis donc imparfaite, et que de chemin j'ai à faire pour ressembler à cette sainte créature qui souriait au milieu de ses souffrances et les offrait à Dieu avec un si complet abandon de sa volonté !

Voilà, chère Louise, une lettre bien triste ; mais je suis certaine que tu comprendras mon chagrin et que tu y compatiras. Je t'embrasse et suis ton affectionnée,

Thérèse D.

## LETTRE VI

Clairefontaine, 13 mars 187...

Merci, ma chère Louise, de ta bonne lettre et aussi des beaux vers de Lamartine que tu m'envoies, et qui semblent avoir été inspirés par la vue de la pauvre Rose. Oh! oui !

> De son pieux espoir son front gardait la trace,
> Et sur ses traits frappés d'une auguste beauté
> La douleur fugitive avait empreint sa grâce :
> La mort, sa majesté (1).

Oui, le visage de l'humble paysanne avait la majesté de l'enfant de Dieu! Je pense à elle maintenant sans amertume, car j'ai la conviction qu'elle est heureuse; je demande à Dieu la force d'imiter ses modestes vertus, et je le remercie de l'avoir réunie à ceux qu'elle aimait. Son bon chien est toujours avec moi. Je ne puis faire un pas sans qu'il me suive avec sollicitude, comme il suivait Rose. Il y

(1) *Le Crucifix*, méditation de Lamartine.

a quelques jours, en revenant du village, j'ai été accostée par un mendiant étranger à la paroisse. Pendant que je lui disais d'aller à la ferme où on lui donnerait du pain, Fido le surveillait, et l'ayant vu s'approcher trop près de moi pour sa vigilance de chien, il a sauté sur lui en lui montrant ses crocs, mais sans le mordre. Le mendiant s'est reculé avec effroi en disant : — Vous avez là une méchante bête.

— Mais non, ai-je répondu, il fait son devoir en s'opposant à ce que l'on approche trop près de ses maîtres. Mais que cela ne vous empêche pas d'aller à la ferme; vous y aurez du pain.

Mon homme s'en est allé en disant insolemment : — Ce n'est pas du pain qu'il me faut, c'est de l'argent.

— Je le crois, ai-je dit, et c'est peut-être ce que mon chien a compris en vous voyant si près de moi. Tu vois, ma chère amie, que je suis en sûreté avec ce bon Fido, que j'aime d'ailleurs de tout mon cœur.

Nous avons eu la lessive cette semaine. C'est une opération considérable dans une grande ferme, où on ne la fait que deux fois par an. Mais tous les quinze jours on *essange*, c'est-à-dire que l'on savonne, rince et sèche le linge pour le garder jusqu'à la lessive. Avant même le savonnage, on enlève les taches d'encre et de graisse, les premières avec du sel d'oseille posé sur la tache, où l'on verse de l'eau bouillante, et les secondes avec de l'essence de pétrole. Sais-tu que l'on remet admirablement les gants de peau à neuf avec cette essence? On se gante et l'on se frotte les mains comme pour les savonner, avec l'essence contenue dans une cuvette; puis on fait sécher les gants dans un courant d'air, et l'odeur se volatilise promptement. On décante alors l'essence, quand la crasse est tombée au fond de la cuvette, pour s'en servir jusqu'à complet épuisement avec le même succès.

Ma mère a introduit ici la très bonne coutume du raccommodage après chaque essangeage, ce qui évite l'amoncellement du linge en mauvais état.

Comme tu le penses, assurément, la buanderie de la ferme est parfaitement installée. La chaudière est scellée dans un fourneau auprès duquel est édifiée une plate-forme maçonnée pour recevoir le cuvier et mettre le fond de niveau avec le haut de la chaudière. Ce cuvier est garni intérieurement d'une sorte de chemise en grosse toile qui se rabat en dehors comme un fond de bain. On range le linge dedans par couches successives : le gros linge au fond, le linge fin au milieu. Chaque couche est mouillée. Quand le cuvier est rempli, on pose sur la dernière couche plusieurs chapelets de racines d'iris, on rabat en dedans les bords de la toile garnissant le cuvier, et l'on recouvre le tout d'une forte toile pliée en quatre doubles, appelée *charrier*, sur laquelle la cendre est étendue et mouillée, et le lendemain seulement on procède au coulage. Dès que l'eau de la chaudière commence à chauffer, on en verse sur la cendre au moyen d'une jatte à long manche. Le cuvier ayant par le bas un tuyau qui rejoint la chaudière, l'eau, après avoir traversé le linge, y retourne. Au début on doit employer l'eau tiède, car trop chaude elle nuirait à la réussite de la lessive en faisant décharger rapidement la cendre. Mais quand le coulage est en train depuis au moins une heure, l'eau doit être employée bouillante.

Une forte lessive demande à être coulée de douze à quinze heures; après quoi on cesse. On met sur le cuvier une épaisse couverture de laine pour y entretenir la chaleur, et le lendemain on retire le linge, qui est alors savonné et rincé dans le clair ruisseau de la ferme.

On porte l'eau de lessive sur les fumiers, qu'elle améliore, et la cendre (la *charrée*) est répandue sur les *composts*. Ce sont des amas de déchets, d'herbes et de balayures qui, en se consommant, forment un excellent engrais. Maintenant on a séché dans notre belle cour, où l'on avait préalablement tendu des cordes entre les pommiers, et avant le complet séchage on a procédé au pliage du linge qui ne doit pas être repassé. C'est alors qu'il faut avoir une bonne *poigne* pour étirer les draps, afin qu'ils soient unis et fermes.

Pour la flanelle, nous la nettoyons tout *bontivement*, comme on dit ici, avec de l'eau tiède et du savon. Si par hasard elle est très sale, nous ajoutons par dix litres d'eau cent grammes de cristaux de soude et deux cuillerées d'alcali.

Dans les pays où l'on brûle du charbon de terre, dont la cendre ne peut servir aux lessives, on la remplace par des cristaux de soude. La proportion à employer est de cinquante à soixante grammes par litre d'eau et par kilo de linge sec. On les fait fondre à l'avance dans la chaudière. Mais cela ne peut se comparer avec notre bonne lessive à la cendre. Tu verras, quand tu viendras ici, comme notre linge est blanc et quelle délicieuse odeur de violette les chapelets d'iris lui communiquent !

Te voilà édifiée sur la lessive ; je passe sans transition à mes lapins. Tout d'abord je te dirai que j'ai la race du pays. Les lapins énormes ou à jolies fourrures ne servent qu'à faire gagner de l'argent aux marchands ; ce sont des *bêtes à concours.* Le gros *lapin-bélier*, qui pèse jusqu'à six kilos, est très difficile pour sa nourriture ; il a une peau épaisse, des os énormes et une chair détestable. Quant au très joli lapin argenté, c'est un lapin de luxe. Il est petit, délicat à nourrir et a fort peu de lapereaux. L'expérience a prouvé qu'il faut toujours prendre les animaux du pays où l'on demeure. Aussi avons-nous de bons gros normands couleur fauve qui ont un robuste appétit, mangent de tout, ont de nombreuses familles et engraissent comme de vrais normands qu'ils sont. Ceci posé, passons au monument qu'ils habitent.

J'avais remarqué avec dégoût que les lapins étaient presque toujours couchés sur un fumier humide, bien qu'on les nettoyât une fois par semaine. Et mon oncle m'ayant permis de faire arranger les cabanes à ma guise par le menuisier du village, voici ce que j'ai imaginé :

Lapin normand.

j'ai fait couvrir en zinc les planchers des cabanes en leur donnant vers le fond une pente de trois centimètres ; puis, un treillage en bois, écarté de un centimètre et demi, a été posé à quatre centimètres de hauteur au-dessus du plancher, au moyen de petits tasseaux cloués sur les cloisons intérieures. On répand une épaisse litière sur ce treillage, qui s'enlève à volonté pour le nettoyage. Avec un petit crochet en fer, on secoue légèrement la paille tous les jours, et les crottes tombent à travers le treillage sur le plancher de zinc. Quant au *liquide,* il s'est écoulé, grâce à la pente, et a rejoint une gouttière placée derrière les cabanes et conduisant les eaux dans un seau versé chaque jour au fumier. Voilà donc mes lapins à l'abri de l'humidité qu'ils détestent et qui leur est si préjudiciable.

J'ai fait confectionner avec du fil de fer des râteliers en forme de hotte pour mettre l'herbe, car Jean Lapin est très gâcheur ; il se distrait en piétinant son fourrage, et n'en veut plus dès qu'il est flétri, ce que je comprends du reste. Au-dessous de mes hottes, qui ont environ quarante centimètres de hauteur sur trente de diamètre, il y a de petites auges en fer pour le son. De cette manière, rien de perdu.

J'ai des loges pour les mères de famille, d'autres pour les adultes, et de plus petites pour les sujets soumis à l'engraissement. Je voudrais que tu visses quelle propreté règne dans ces habitations. C'est moi *seule* qui fais *les chambres* et sers les repas. Le matin, chacun a pour son déjeuner un trognon de chou, des betteraves ou de la luzerne sèche, en tout un poids de soixante grammes ; à midi, rameaux d'arbre, tels que chêne, peuplier, charme, enfin n'importe quel arbre, excepté l'if, le pêcher, l'amandier ou le laurier, qui sont des poisons pour les lapins. Le soir, le râtelier est garni plus abondamment, car les lapins sont des animaux nocturnes, ils mangent la nuit plus que le jour. Aussi, pour le souper, je donne à chacun quatre-vingt-dix grammes d'herbe et racines avec une bonne poignée de son.

Quand l'hiver mes lapins consomment forcément des aliments secs, j'ai soin de mettre dans leur cabane une terrine d'eau ; car bien que les gens de campagne s'obstinent à affirmer que les lapins n'ont pas besoin de boire, rien ne leur est plus nécessaire quand ils n'ont que des fourrages secs. Les herbes que je recueille ordinairement moi-même en me promenant sont : la chicorée, le laiteron, le seneçon, la carotte sauvage, le fenouil, le cerfeuil, le persil, la traînasse, etc. Il faut faire une grande attention à la ciguë, qui ressemble au persil, et empoisonnerait Jean Lapin comme elle empoisonna jadis Socrate. Il va sans dire que tous les fourrages, toutes les racines et toutes les céréales sont excellents pour messieurs les lapins. Une très bonne plante en cas de diarrhée, c'est la traînasse, plante que l'on trouve au bord de tous les chemins. J'ai guéri un lapin atteint de cette maladie souvent mortelle pour eux en ne lui donnant rien que de la traînasse.

Il est entendu que mesdames les nourrices ont des rations plus fortes et plus succulentes que les autres; et quand je mets à l'engrais des lapins, ce qui a lieu lorsqu'ils ont atteint quatre ou cinq mois, je les nourris d'herbes aromatiques, telles que fenouil, pimprenelle, cerfeuil, persil, fruits gâtés, glands, racines de toutes sortes, et je joins à ces festins, outre le son, une poignée d'avoine pour chaque individu appelé à l'honneur prochain d'être servi sur la table du maître, « fort à l'aise en un plat ».

Les lapins ainsi traités sont une excellente ressource à la campagne, et leur commerce peut apporter l'aisance dans les petits ménages qui demeurent à proximité d'un marché, où les beaux lapins se vendent avantageusement. J'ai calculé, car je tiens des écritures, qu'un lapin engraissé revenait, à l'âge de six mois, à un franc cinquante, et peut se vendre de trois à quatre francs. Le gain est donc évident, et une femme, dans son ménage, peut soigner un grand nombre de lapins en envoyant ses enfants à l'herbe.

Il ne s'agit que d'avoir de la propreté et de l'esprit de suite.

J'ai déjà converti à mes idées plusieurs ménages qui avaient des lapins tenus salement et mal nourris. Mon oncle m'a permis de faire à ces pauvres gens quelques petites avances de son et d'avoine. Je leur ai prêché, avec succès, la propreté, et en peu de temps les résultats ont été tels, qu'aujourd'hui leurs lapins sont recherchés sur le marché de Montivilliers. Tu vois, ma chère Louise, que l'intelligence sert à tout... Je te laisse sur cette modeste réflexion.

Thérèse D.

# LETTRE VII

Clairefontaine, 20 mars 187...

Non, ma chère Louise, nous n'avons pas encore commencé nos entretiens sur la botanique. Mon oncle est absent pour une huitaine de jours.

Le reproche que tu m'adresses de ne pas t'avoir parlé du poulailler est, il me semble, peu fondé, puisque c'est, dis-tu, la chose que tu te rappelles le mieux de la ferme.

Mais à la vérité cela ne me dispense pas de t'entretenir de ses habitants. Donc le poulailler est tel que tu l'as vu, un bâtiment qui regarde le midi, dont les murs intérieurs sont blanchis à la chaux chaque année, afin de détruire les insectes qui tourmentent les poules ; des pondoirs, trous carrés, sont creusés dans les murs et garnis de foin; des bâtons ou juchoirs sont espacés de manière que les poules qui perchent en haut ne puissent laisser tomber d'ordures sur celles qui sont plus bas. La plus extrême propreté règne dans le poulailler, il est balayé chaque jour.

Nous avons la belle race de Crèvecœur au plumage noir, avec une large huppe sur la tête. M. le coq a une crête formant deux cornes pointues et rouges qui font un singulier effet au milieu de sa magnifique huppe noire.

Mesdames de Crèvecœur sont bonnes pondeuses et ont une excellente chair ; mais elles manquent des qualités qui font

Poule cochinchinoise.

la bonne mère de famille. Elles ne savent pas, ou ne veulent pas couver. Mesdames les canes professent le même mépris pour les devoirs de la maternité, il faut à ces frivoles créatures des *nourrices sur lieu.*

Nous avons donc pour remplir cet office de bonnes grosses cochinchinoises, et aussi une très jolie race de poules négresses du Japon : elles ont le plumage blanc et soyeux, mais la peau noire. Charles en a rapporté plusieurs de chez un fameux éleveur, M. Lemoine, qui demeure à Crosne (1) près Paris, et a une basse-cour modèle remplie de magnifiques volailles de toutes races. La petite japonaise ne peut couver plus de six œufs, mais elle est admirable de sollicitude pour ses nourrissons et est précieuse pour l'élevage des faisandeaux. Ceci ne nous regarde pas.

Dans une chambre bien close et saine, éloignée du poulailler, sont les paniers de nos couveuses. Ces paniers ronds et évasés sont remplis de foin. Quand une poule veut couver, sa crête se décolore et elle reste sur son pondoir. Alors pour s'assurer que ce n'est pas un caprice on la pose dans un panier sur des œufs de plâtre ; et quand on a la certitude qu'elle persiste à couver, on lui donne de bons œufs.

Il y a des poules qui se laisseraient mourir de faim plutôt que de quitter leur nid pour manger. Alors on les met doucement à terre où l'on a répandu du grain. Quelquefois même on leur fait avaler des pâtons de farine d'orge si elles sont échauffées.

Il faut une grande régularité dans la distribution des repas aux couveuses.

Lorsque le moment de l'éclosion arrive, au bout de vingt jours pour les œufs de poule, et trente jours pour ceux de canard, on surveille ; et si l'on entend pépier un petit poulet ou caneton, on passe doucement la main, on le retire pour le mettre dans un panier avec de la ouate ; et quand ils

(1) Seine-et-Oise.

sont tous éclos, on les rend à la mère. J'espère que j'ai bien réparé mon oubli.

Tu ne saurais imaginer comme la campagne devient belle de jour en jour. C'est un plaisir ignoré de vous autres citadins que de voir les feuilles sortir de leurs bourgeons et les oiseaux commencer leurs nids. La petite troupe ailée des mésanges, des pinsons, des chardonnerets, des rouges-gorges, des moineaux francs, etc., que nous avons nourrie tout l'hiver, est dispersée, et chacun s'occupe maintenant du soin de préparer un abri pour la chère petite famille qui va naître.

Ma tante aimant beaucoup les oiseaux avait banni de chez elle les chats et les avait remplacés par de petits chiens terriers, qui attrapent les rats et les souris, ce que ne faisaient pas toujours messieurs les chats, constamment occupés à la chasse aux oiseaux. Ces derniers n'apercevant plus « Grippeminaud le bon apôtre » se sont approchés avec confiance de la maison et viennent jusque dans la cuisine picorer le pain qu'on leur jette. Il y avait cet hiver de jolies mésanges à tête bleue, à ventre jaune partagé d'une raie noire veloutée, aux ailes bleues, qui venaient sautiller jusqu'à la barbe du bon Fido qui les regardait d'un air paternel. Ces mésanges font un nid très ingénieux qui a l'aspect d'un œuf en mousse attaché à la branche flexible d'un arbuste. Sur le côté est ménagé un petit trou pour passer. Ces jolies mésanges font entendre un cri modulé que nos paysans interprètent par les mots : *sept écus ! sept écus !* Nous avons aussi de charmants petits rouges-gorges à l'œil éveillé et intelligent. On a peine à se figurer que d'un corps si frêle sortent les roulades éclatantes et perlées qu'ils lancent de la cime des plus hauts arbres où ils se plaisent à percher leur petit corps brun-roux et rehaussé d'une cravate rouge orangé.

Mais le plus harmonieux des chanteurs, celui qui ne passe pas l'hiver avec nous et vient seulement d'arriver, c'est le rossignol !

Il a le dessus du corps, les ailes et la queue brun-roux, le ventre gris. Mais comme cette toilette modeste est rachetée

Un nid dans un buisson.

par les brillantes qualités de son gosier ! C'est surtout la nuit et dans la solitude seulement qu'il déploie ses merveilleuses vocalises. Quel chant varié ! Comme il passe des notes les plus graves aux plus aiguës ! On dit qu'il a un registre de trois octaves, c'est ravissant !

Hier on m'a signalé le nid de l'un de ces musiciens émérites. Le doux berceau de leurs enfants est caché dans un buisson presque à terre. Au premier abord on eût dit une touffe de mousse. La pauvre mère s'est enfuie à mon approche en poussant des cris de détresse. J'ai compté cinq petits œufs d'un brun verdâtre ; et comme tu le penses, je me suis vite éloignée.

Il y a encore un virtuose qui est loin d'avoir dans son gosier les mêmes ressources que le rossignol, mais qui me plaît beaucoup : c'est le premier chantre du printemps, le Merle, au bel habit noir luisant et au bec d'or. Il siffle admirablement. N'oublions pas le loriot, qui fait déjà entendre le cri auquel il doit son nom : « *Loriot ! loriot !* » ; il suspend son nid à la bifurcation de deux branches d'arbre et vient se baigner dans le ruisseau de la cour.

> Le beau Loriot jaune et la Mésange bleue
> Souvent de compagnie avec le Merle noir,
> Doux chanteurs, buvant frais, viennent d'un quart de lieue
> Réjouis du bain pur et charmés du miroir.
> Le plus riche voisin de la source limpide
> Parfois comme un éclair s'échappe des roseaux ;
> C'est un Martin-pêcheur au vol droit et rapide
> Emportant sur son aile un reflet vert des eaux (1).

Que dis-tu de ces vers ? Ne peuvent-ils pas s'appliquer à nos oiseaux ?

Mais nos pauvres amis emplumés ont malheureusement des ennemis que nous ne pouvons atteindre. Quant aux gamins, ils sont mis à l'amende par mon oncle, qui est sans pitié pour les dénicheurs de nids ; et il récompense ceux qui les surveillent, car les oiseaux font la chasse aux chenilles, aux vers et à tous les insectes nuisibles à l'agriculture. Mais les plus grands ennemis de ces gentils oiseaux sont

---

(1) André Lemoyne.

les éperviers, les milans et « *l'autour aux serres cruelles* » ; il n'est pas jusqu'à ces vilaines pies qui mangent les œufs et les petits dans les nids. Aussi est-on ici impitoyable pour elles, d'autant plus qu'elles mangent aussi les grains que l'on vient de semer. Elles ne sont pas longues à nettoyer un champ de pois avec le secours de maître Corbeau, qui, n'en déplaise à La Fontaine, est plus friand de grains que de fromage. Mais comme au moment des labours il détruit des quantités de vers blancs, appelés *man (larves du hanneton)*, il y a des cultivateurs qui respectent la vie de *monsieur du Corbeau*, au moins pendant le temps du labourage, car c'est seulement quand la terre est retournée par la charrue que l'on peut atteindre ces horreurs de vers qui font des dégâts considérables en dévorant les racines des plantes et même des arbres.

Parmi les bêtes à épargner en première ligne, il faut mettre les vilains hiboux qui se nourrissent de rats, de souris, et, je le crains, de petits oiseaux quand ils peuvent en attraper... Mais ils rendent assez de services pour qu'on leur passe quelques méfaits.

Nous avons encore le crapaud qui doit attirer nos sympathies ; il dévore les limaces qui rongent nos salades, nos fraises... Mais ce crapaud est si laid, si dégoûtant, que vraiment j'aime autant voir les limaces manger nos salades et nos fraises, que de voir le crapaud manger les limaces.

Et les couleuvres ? Charles ne dit-il pas qu'il faut les attirer, parce qu'elles détruisent des myriades d'ennemis des plantes ! Ah ! mais celles-là, jamais je ne pourrai les voir en face... on a beau me dire qu'elles n'ont aucun rapport avec les vipères ; pour moi c'est un serpent, c'est-à-dire un affreux reptile qui me cause un effroi indicible.

Nous voici bien loin de nos charmants oiseaux. J'y reviens pour te dire que les hirondelles sont arrivées et reprennent possession de leurs nids. Car tu penses que l'on ne *démolit* pas leur *maison de famille;* cela, dit-on, porterait malheur. Le fait est que ces élégants oiseaux dévorent aussi des millions de mouches nuisibles. Et puis elles sont si jolies, ces hirondelles, avec leurs longues ailes noires sur leur manteau bleu foncé, leur corset blanc et leurs belles cravates oranges ! Elles reviennent si fidèlement sous le toit qui les a protégées, que ce serait un vrai crime de les tuer.

Je m'aperçois que j'allais oublier nos beaux paons, qui méritent pourtant une mention spéciale, car ils sont magnifiques à voir perchés dans nos ormes en déployant à nos yeux, ainsi que le dit notre bon La Fontaine,

> Une si riche queue, et qui semble à nos yeux
> La boutique d'un lapidaire.

Voilà une lettre bien volage, pardon du calembour, j'en suis honteuse... Aussi je te quitte vite en t'embrassant avec tendresse.

Thérèse D.

Le Paon.

## LETTRE VIII.

Clairefontaine, 29 mars 187...

Je t'envoie aujourd'hui, ma chère Louise, le résumé de notre première étude de botanique. Pour suivre nos travaux, munis-toi d'une petite loupe, d'une aiguille longue et fine pour diviser les fleurs, et d'un canif. Puis, si tu veux nous imiter en tout, tu feras un herbier pour conserver un échantillon de chaque fleur que tu auras disséquée. C'est la chose du monde la plus facile. Prends un cahier de papier gris ou de papier buvard, pose une plante au milieu en ayant soin d'étaler le feuillage et les pétales. Mets entre les parties qui chevauchent l'une sur l'autre de petits morceaux de papier gris; et, si la plante est trop longue, partage-la en deux. Le tout bien arrangé, ferme le cahier, pose une planche dessus avec une grosse pierre pour faire presse. Au bout de quelques jours, ta plante étant sèche, tu l'assujettiras, au moyen de petites bandes de papier gommé, sur une feuille de papier blanc un peu fort; tu écriras alors à quelle division, à quelle classe, à quelle famille elle appartient. De cette façon tu auras toujours sous les yeux le résultat de tes expériences.

Je te préviens que tu ne comprendrais rien à mes explications si tu n'exécutais de point en point nos petites opérations.

Ne sois pas effrayée des mots baroques qui hérissent la méthode de Jussieu : c'est du grec, dit-on ; mais il suffit de se rappeler que en grec A c'est la négative, *apetale* sans pétale ; MONO, c'est un ; DI, deux ; POLY, plusieurs ; HYPO, sous ; PERI, autour, et EPI, sur. GYNIE veut dire ovaire. On nous expliquera le reste à mesure que le besoin s'en fera sentir. J'ajoute encore néanmoins que MONO est l'abréviation de MONOCOTYLÉDONIE, HYPO, PERI et EPI d'HYPOGYNIE, PÉRIGYNIE et ÉPIGYNIE.

STAMINIE signifie les fleurs apétales ; car dans l'absence de pétale il ne peut être question *sous, autour* et *sur* l'ovaire, que d'étamines.

COROLLIE désigne les fleurs MONOPÉTALES, un pétale formant corolle, et PÉTALIE les fleurs POLYPÉTALES, à plusieurs pétales.

Je t'entends me dire : — Mais je ne comprends rien à tout cela. C'est de l'hébreu pour moi ! — Patience, l'explication viendra d'elle-même plus tard ; aujourd'hui il ne s'agit que d'apprendre par cœur ce que je t'écris.

Nous n'avons pas, tu dois le penser, la prétention de faire un cours de botanique, mais seulement d'étudier quelques plantes utiles ; plus tard, quand nous les connaîtrons bien, nous pourrons aller plus loin.

Aujourd'hui voyons la méthode naturelle de Jussieu, illustre naturaliste mort en 1836. Il existe d'autres méthodes de classification, notamment celle de Linné, de Candolle, etc., mais la méthode de Jussieu est celle qui est la plus suivie. Quand nous serons devenues *savantes*, nous pourrons comparer les autres. En attendant, tâches sinon de bien comprendre la méthode ci-jointe, du moins d'en apprendre les divisions par cœur. Ce n'est pas difficile.

Voilà donc le partage du règne végétal posé. D'abord trois grandes divisions : 1° les plantes ACOTYLÉDONES, c'est-à-dire qui sortent de terre sans *cotylédons* ou feuilles. Les MONOCOTYLÉDONES, avec un seul *cotylédon*, et les DICOTYLÉDONES avec deux cotylédons ; ces dernières plantes sont les plus nombreuses.

On appelle aussi les acotylédones CRYPTOGAMES, de deux mots grecs : KRYPTO, qui veut dire cacher, et GAME, féconder, parce que les acotylédones ont une reproduction cachée. Les autres classes ayant une reproduction visible se désignent sous le nom de PHANÉROGAMES, de *phanéros*, apparent.

Nos quinze classes se distinguent par la manière dont sont insérés dans les fleurs ces petits grains jaunes qu'on appelle ÉTAMINES. Puis ces classes se divisent en plus de deux cents familles ou groupes d'individus ayant, outre les caractères généraux de la classe à laquelle ils appartiennent, des similitudes dans le nombre de leurs étamines et l'organisation de leurs graines.

Maintenant les familles contiennent des genres, qui sont la réunion d'enfants de la même famille, se ressemblant plus complètement entre eux. Ainsi le chou et le navet (famille des crucifères) se distinguent de leurs autres frères par la forme de leur calice, ils font partie d'un genre de cette famille. Si, au contraire, nous avons affaire à des individus qui diffèrent entre eux par leur feuillage,

## MÉTHODE NATURELLE DE A.-L. DE JUSSIEU

| | | | | |
|---|---|---|---|---|
| PREMIÈRE DIVISION | — ACOTYLÉDONES | | 1 | ACOTYLÉDONIE |
| DEUXIÈME DIVISION MONOCOTYLÉDONES | | Etamines hypogérines, c'est-à-dire insérées sous l'ovaire sur le réceptacle | 2 | MONOHYPOGYNIE |
| | | Etamines périgynes ou insérées autour de l'ovaire sur le calice | 3 | MONOPÉRIGYNIE |
| | | Etamines épigynes ou insérées sur l'ovaire | 4 | MONOÉPIGYNIE |
| TROISIÈME DIVISION DICOTYLÉ- DONES | Premier Groupe des Fleurs Apétales c'est-à-dire sans pétales | Etamines épigynes | 5 | EPISTAMINIE |
| | | Etamines périgynes | 6 | PERISTAMINIE |
| | | Etamines hypogynes | 7 | HYPOSTAMINIE |
| | Deuxième Groupe des Fleurs monopétales ou pétales ormant corolle | Corolle staminifère (1) hypogynes | 8 | HYPOCOROLLIE |
| | | Corolle staminifère pyrogine | 9 | PERICOROLLIE |
| | | Corolle staminifère épigyne anthères soudées | 10 | EPICOROLLIE SYNANTHÉRIE |
| | | Corolle staminifère épigyne, anthères disjointes | 11 | EPICOROLLIE CORISANTHÉRIE |
| | Troisième Groupe des Fleurs polypétales ou à pétales en nombre illimité | Etamines épigynes | 12 | EPIPÉTALIE |
| | | Etamines hypogynes | 13 | HYPOPÉTALIE |
| | | Etamines périgynes | 14 | PÉRIPÉTALIE |
| | Fleurs pistillées et staminées de deux individus différents | | 4 | DICLINIE |

Ces dernières prennent le nom de Dioïques lorsque la fleur qui porte le pistil est sur une autre plante que celle qui porte comme dans le Chanvre. Elles sont dites Monoïques quand les fleurs pistillées et les fleurs staminées sont sur le même individu le Melon.
(1) C'est-à-dire portant les étamines.

leur tige et leurs racines, ils deviennent des espèces ; le chou et le navet sont deux espèces d'un même genre et d'une même famille, tu vois pourquoi en regardant leur feuillage. Quelquefois les familles se subdivisent en tribus, comme dans les ROSACÉES, où nous verrons la tribu des DRUPACÉES, dont le cerisier est l'un des genres ; la tribu des POMACÉES, genre *poirier*, *pommier*, *alisier*, etc., genre *alisier*, espèce *aubépine*. Enfin les variétés sont des modifications obtenues par la culture et qui ne se reproduisent presque jamais par la graine.

Les plantes se divisent encore en ANNUELLES, BISANNUELLES et VIVACES. Les bisannuelles ne fleurissent généralement que la seconde année. Quelquefois des plantes annuelles sous notre climat sont vivaces sous un autre. Tel le RÉSÉDA, qui, en Egypte sa patrie, forme des touffes ligneuses et vivaces, et en France est herbacé et annuel, cultivé en pleine terre. Cependant, si au moment où il va fleurir on coupe tous ses boutons, les rameaux se fortifient et il devient un charmant arbuste, à la condition toutefois de le garder en pot dans un appartement.

Mon oncle ne nous a dit que quelques mots des racines, se réservant de nous les faire examiner en disséquant les fleurs. Dès à présent nous savons que la racine est : 1° HERBACÉE dans les plantes annuelles ; 2° LIGNEUSE dans les arbres et les arbustes ; 3° CHARNUE dans la carotte, la betterave, etc. ; 4° TUBERCULEUSE dans la pomme de terre, le dalhia, etc. ; 5° BULBEUSE dans l'oignon, le lis, etc., etc. Elles sont aussi PIVOTANTES dans la plupart des arbres fruitiers, OBLIQUES dans le chêne, HORIZONTALES ou RAMPANTES dans l'iris, etc., etc.

Je ne t'apprendrai pas que la tige sort de la racine

et qu'elle se divise en rameaux herbacés ou ligneux ; mais tu ignores peut-être que l'on nomme PÉTIOLE le support des feuilles, et PÉDONCULE celui des fleurs. Les fibres qui forment le pétiole s'élargissent en petites nervures, entre lesquelles se produit le tissu vert qui constitue la feuille. Ce tissu est composé de petites vésicules ou cellules pleines d'un liquide vert. Les pétales des fleurs, dus à l'épanouissement des fibres qui partent du RÉCEPTACLE au sommet du pédoncule, sont aussi composés de petites cellules remplies d'un liquide coloré et odorant; mais contrairement aux feuilles, qui exhalent leur odeur lorsqu'elles sont froissées, les pétales exhalent leur parfum d'eux-mêmes et le perdent généralement quand on les froisse.

Ces cellules ne sont visibles qu'au microscope. Elles constituent le tissu CELLULAIRE. Elles sont accompagnées de tubes allongés appelés VAISSEAUX, ou TISSU VASCULAIRE. Mais ceci dépasse nos petites études ; c'est pourquoi mon oncle ne nous a pas donné plus de détails à ce sujet.

Nous passerons par-dessus la classe des ACOTYLÉDONES, qui renferme dix familles, parmi lesquelles les champignons, fougères, mousses, algues, etc. Les champignons sont des êtres fort dangereux, qui viennent, tu le sais, dans les bois humides; et s'il y en a d'excellents, il y en a encore plus qui sont des poisons terribles.

La fougère joue un rôle important dans l'ornementation des jardins et des salons, avec ses belles feuilles finement découpées, ou, pour employer le mot technique, ses feuilles PENNATIFIDES, c'est-à-dire ailées; mais ici elle remplit le modeste rôle de bonne litière pour le pauvre qui ne peut acheter de paille. Nous ne nous occuperons pas d'elle ni des algues et des mousses, malgré les charmes de ces dernières, car nous n'étudierons que des plantes usuelles ; et puis il paraît que les individus de ces familles seraient trop difficiles à disséquer pour nous. Nous commencerons par une giroflée ; c'est l'une des fleurs dont les organes sont les plus faciles à comprendre.

Ma lettre est bien longue, n'est-ce pas ? mais elle renferme la clef de toutes nos connaissances futures ; c'est pourquoi je t'engage à la lire avec attention, voire même à la critiquer si tu ne trouves pas claires les explications que je t'y donne.

A bientôt, chère amie.

Thérèse D.

## LETTRE IX

Clairefontaine, 4 avril 187...

Enfin, ma chère Louise, nous avons disséqué des fleurs ! Je ne puis te dire combien cela m'a intéressée. Je suis certaine qu'il en sera de même pour toi.

Prends donc une giroflée simple de muraille ou de jardin, de l'espèce que nous appelons en Normandie *ravenelle;* tu as ta loupe, ton aiguille, ton canif; exécute toutes les opérations que je vais te décrire.

Et d'abord, comme il faut rendre à chacun ce qui lui appartient, je dois te dire que c'est la BOTANIQUE ÉLÉMENTAIRE d'EMM. LEMAOUT que mon oncle prend pour guide; mais, malgré l'épithète d'*élémentaire,* nous n'y comprendrions rien si nous étions seules à étudier.

Notre giroflée appartient aux DICOTYLÉDONES; elle est de la treizième classe, des fleurs qui ont les étamines insérées sur le réceptacle ou HYPOPÉTALIES, groupe des fleurs POLYPÉTALES. (Consulte le tableau de la méthode.) Cette giroflée est de la famille des CRUCIFÈRES. Elle est près de s'épanouir. Soulève avec l'aiguille la première enveloppe de l'une des fleurs composée de quatre petites feuilles brunâtres : ce sont les *sépales*. Leur réunion est appelée le premier *verticille* et constitue le *calyce*. Elles recouvrent quatre beaux pétales jaunes d'or striés de rouge, insérés sur le réceptacle, qui forment la corolle ou second verticille. Tu te demandes sans doute pourquoi j'écris calyce avec un y? C'est qu'écrit ainsi, calyce vient du mot grec *kalux*, qui signifie écorce, et qu'écrit avec un i, il veut dire coupe, toujours en grec. Que veux-tu, ma chère ! « *avec du grec on ne peut gâter rien* », comme le dit Philaminte (1). Tu as déjà la preuve que messieurs les botanistes se sont bien pénétrés de ce principe.

Revenons à notre giroflée. Arrache les sépales, qui sont pour ainsi dire l'écorce de notre fleur; écarte les pétales en croix, d'où le nom de CRUCIFÈRES donné à la famille. Au centre de la fleur, tu vois se dresser une colonne verte un peu aplatie, dont l'extrémité supérieure est amincie en col et terminée par une petite fourche. La colonne verte, c'est l'*ovaire;* le col aminci, le *style*, et la petite fourche le *stigmate*. Ces trois parties forment le *pistil;* mais souvent le style manque et le stigmate est *sessile*, de

Étamines de la giroflée.

*sedere* (mot latin, cette fois!) qui veut dire s'asseoir; car alors le stigmate est comme assis sur l'ovaire, dont rien ne le sépare.

Le pistil posé sur le réceptacle au sommet du pédoncule est entouré par six baguettes ou *filets*, dont deux sont plus courtes que les autres : ce sont les étamines; leur filet est

---

(1) *Les Femmes savantes*, Molière.

surmonté d'un petit sachet appelé anthère, d'où s'échappera, quand la maturité sera venue, une poussière jaune, le *pollen*, qui tombera sur le stigmate et pénétrera, à l'aide de la liqueur dont ce dernier est enduit, dans l'intérieur de l'ovaire qui est creux. Fends-le avec l'aiguille, tu verras qu'il renferme de petites granules que le contact du pollen fera grossir et devenir des graines; cette forme d'ovaire s'appelle un *ovaire allongé*. On donne aussi le nom de *gynécée* au pistil. La réunion des étamines, appelée *androcée*, est dans notre giroflée le troisième verticille, et le pistil le quatrième. Une fleur complète a toujours quatre verticilles. Je ne te ferai pas l'injure de t'expliquer que verticille veut dire organe entourant un axe; mais je te ferai observer que notre pistil, désigné comme quatrième verticille, est cependant inséré sur, et non autour de l'axe commun.

Le pistil est aussi appelé carpelle (1), en raison des feuilles, quelque imperceptibles qu'elles soient, qui le composent et se nomment *feuilles carpellaires*.

Maintenant arrache doucement les étamines les plus courtes, tu découvriras à leur base une petite protubérance arrondie et luisante qui, en pesant sur leur filet, les écarte et les fait paraître plus courtes que les autres, bien qu'en réalité elles soient de la même longueur. Ce sont les *nectaires*, espèce de petites glandes qui sécrètent une liqueur sucrée recherchée avec avidité par les abeilles pour leur miel.

En arrachant les quatre autres étamines, tu reconnaîtras au pied de chacune d'elles des nectaires moins volumineux que ceux dont je viens de te parler et placés à l'extérieur des filets.

(1) *De karpos*, fruit.

78  UNE ANNÉE A LA FERME

Les nectaires ne sont pas placés ainsi dans toutes les fleurs; on les rencontre sous la forme d'une petite écaille sur l'onglet ou base des pétales, en stries longitudinales sur les pétales, disposés en couronne à l'entrée des corolles, etc., etc. Leur nombre varie comme leur forme, et ils manquent complètement dans une multitude de fleurs. Ils sont dus à un organe qu'il n'est pas toujours facile de distinguer, le *torus*, partie du réceptacle d'où naissent les pétales et les étamines. Tu le remarqueras dans quelques fleurs sous la forme d'un petit plateau vert entourant la base de l'ovaire; dans ce cas, il s'appelle *disque;* d'autres fois il garnira d'un bourrelet le limbe des calyces. Tu comprends, n'est-ce pas, pourquoi notre giroflée est placée dans la classe des hypopétalies, ou étamines insérées sur le réceptacle, et ce que veut dire fécondation visible ou phanérogame.

Silique.

L'intérieur de notre giroflée bien examiné, prends-en une autre défleurie à la base de notre *corymbe*. Corymbe se dit des fleurs portées sur des *pédicelles* (petits pédoncules) de longueurs différentes et espacées qui arrivent à peu près à la même hauteur. Tu as donc pris une fleur passée à l'état de graine, et tu vois que les parties charnues du pistil se sont, en grossissant, transformées en silique, sorte de gousse qui renferme les graines. Ouvre cette silique, tu constateras que les graines, au lieu d'être attachées à chaque moitié de la gousse, comme les petits pois, les haricots, etc., le sont sur une cloison transparente qui est au milieu de la silique, laquelle, en mûrissant, s'ouvrira, et l'on apercevra la cloison séparée des deux valves avec les graines attachées à ses bords par de très petits et très courts fils blancs. Ceci est particulier aux crucifères et constitue la différence entre la gousse et la silique.

La racine de la giroflée est *fibreuse pivotante* (pivot auquel sont attachées de petites racines); ses feuilles lancéolées (en forme de lance) naissent sur les rameaux sans pétiole, ce qui s'appelle feuilles sessiles; elles sont alternes, c'est-à-dire que leur insertion sur le rameau est espacée à des niveaux différents.

Notre ravenelle est le type de la giroflée des jardins.

Dans la famille des crucifères, on trouve les genres THLASPI, CARDAMINE des prés, ALYSSINÉES ou corbeilles d'or, RADIS, SÉNEVÉ ou moutarde. La graine de ce dernier genre (qui s'appelle en latin *sinapis*), réduite en farine, sert à faire les *sinapismes*, dont Dieu te préserve, et cette même farine, préparée avec du vinaigre, se transforme en l'excellent condiment nommé moutarde. N'oublions pas l'important genre BRASSICA, vulgairement CHOU, espèces COLZA, RAVE, NAVET, etc. Puis le genre COCHLÉARIA, utile dans les maladies de gencives; le genre CRESSON, assaisonnement obligé d'un poulet rôti; enfin, une foule de genres que tu reconnaîtras facilement, malgré les dissemblances de leur calyce, de leur feuillage, de leur racine, et la forme différente de leur silique; car elle est cylindrique dans le radis, dans le sinapis et le chou, allongée dans le colza, dressée dans le navet, ovale dans le cresson, ronde et grande dans le genre lunaire, globuleuse et terminée par une pointe (le style persistant) dans la cameline, etc., etc.

Je ne te parlerai pas des fleurs doubles, car ce sont des

monstres en botanique dont il n'est pas permis de s'occuper. Leurs nombreux pétales sont, dit-on, des étamines transformées, et c'est en sacrifiant leurs familles que ces belles inutiles charment nos yeux.

Nons allons passer à une autre famille, toujours de la classe des HYPOPÉTALIES.

Descends à ton jardin et cueille un bouton d'or simple, il n'en manque pas en ce moment. C'est un individu de la famille des RENONCULACÉES; ses cinq sépales jaunes, couverts de poils blancs, se renversent et tombent quand la fleur est épanouie, ce qui leur a fait donner le nom de *caducs*. Une petite écaille ou glande nectarifère est posée sur l'onglet (1) de chaque pétale. Arrache ces pétales, les étamines t'apparaîtront en nombre illimité avec des anthères aussi longues que leur filet; elles entourent le pistil ou, pour parler juste, les pistils; car c'est une multitude de petits pistils ou carpelles échelonnés autour de l'axe, prolongement du réceptacle, qui remplacent le pistil unique de notre giroflée. Ces carpelles ovales, renflés à leur base (l'ovaire), se terminent en un petit bec court recourbé (le stigmate) par lequel le pollen pénétrera dans les ovaires, qui contiennent chacun une seule graine. Ces ovaires indéhiscents (2) ont été nommés *akènes* (3), et leur réunion *syncarpe*, de deux mots grecs, *syn*, assemblage, et *carpos*, fruit.

La racine du bouton d'or est arrondie à son collet en petite bulbe, ses feuilles profondément découpées sont alternes. C'est une plante dangereuse pour Jean Lapin.

(1) Partie par laquelle les pétales sont insérés sur le réceptacle.
(2) Qui ne s'ouvrent pas.
(3) Même signification.

A la famille des renonculacées appartiennent les belles renoncules, pivoines rouges herbacées (le stigmate de leurs carpelles est rouge), les pivoines arbres, dont les magnifiques fleurs ont le parfum de la rose, les renoncules aux nuances variées, les *anémones*, dont les couleurs éclatantes sont rehaussées par une multitude d'étamines noires luisantes qui entourent un cône noir velouté formé par la réunion des carpelles. A quelque distance de la corolle est posée une collerette de feuilles découpées.

Les anémones ainsi que les renoncules, dont la culture est peu répandue aujourd'hui, ont eu jadis une grande vogue. Leur racine, petit tubercule, appelé *patte*, se vendait au poids de l'or. N'oublions pas les modestes *anémones* des bois ou *sylvies;* pour être petites, elles n'en sont pas moins charmantes.

L'HELLÉBORE, vulgairement *rose de Noël*, que l'ancienne médecine employait dans le traitement des maladies mentales, l'ANCOLIE, l'ACONIT, poison violent, le DELPHINIUM ou pied d'alouette, la CLÉMATITE sarmenteuse, sont des genres de la famille des RENONCULACÉES, ainsi que les RENONCULES AQUATIQUES, qu'il ne faut pas confondre avec les nénufars.

Tu remarqueras dans les clématites défleuries que chaque akène est surmonté d'une arête plumeuse : c'est le style qui s'est allongé en mûrissant. Le feuillage de la clématite est découpé et opposé.

En voilà, je pense, assez pour une première *leçon*. Je te dis à bientôt. Il faut nous dépêcher de passer en revue seulement quelques fleurs avant la fin du printemps, car je ne comprendrais rien aux explications si je n'avais les fleurs sous les yeux.

Ah ! j'ai oublié, en te parlant du rôle du pollen, de te dire que les horticulteurs, pour avoir de nouvelles variétés de fleurs ou de légumes, font souvent une opération appelée *hybridation,* qui consiste à déposer sur le stigmate d'une fleur le pollen pris dans une fleur d'espèce différente. Mais alors les graines provenant de cette fécondation artificielle sont généralement stériles.

Adieu, chère amie ; je t'embrasse de cœur.

THÉRÈSE D.

# LETTRE X

Clairefontaine, 12 arvil 187...

Je suis charmée, ma chère Louise, que mes explications t'intéressent et surtout qu'elles te semblent claires. Tout l'honneur en revient à notre bon professeur, auquel j'ai communiqué ta lettre et qui en a été fort content.

Mais, me dis-tu, je ne devais parler que des plantes utiles, et le Bouton d'or ne te paraît pas être dans cette catégorie. A cette observation, je répondrai d'abord que c'est à cause de la structure de son pistil que le Bouton d'or a été choisi par mon oncle; puis il veut nous signaler les plantes dangereuses, et les *renonculacées* sont de ce nombre.

Tu me fais aussi remarquer que j'ai omis de te donner la traduction du mot *indéhiscent*. Il vient du latin *indehiscere, qui ne s'ouvre pas,* et signifie que l'ovaire, au lieu de s'ouvrir pour laisser tomber la graine, se rompra seulement lorsqu'elle germera en terre. *Akène,* mot grec, a le même sens.

Mes omissions réparées, entrons dans la belle et bonne famille des *Rosacées*. Elle est de la XIV° classe, dite *péripetalie* ou étamines insérées sur le calyce. Cette famille se divise en plusieurs tribus; mais nous ne nous sommes occupés que des principales :

1° La tribu des *Pomacées*. — 2° La tribu des *Drupacées*. — 3° La tribu des *Rosées*. — 4° La tribu des *Dryadées*.

Dans la tribu des *Pomacées,* nous trouvons les genres *poirier, pommier, cognassier, néflier, sorbier, alisier,* etc. L'*aubépine* est une espèce du genre alisier.

Prenons le poirier pour type. Sa racine est pivotante. Ses feuilles alternes, pétiolées, sont ovales, pointues, luisantes, très finement dentées et stipulées; ce qui veut dire que de petites feuilles naissent à la base des pétioles et y sont même quelquefois soudées.

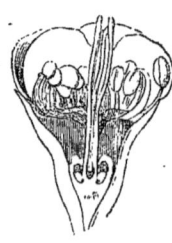

Fleur de poirier.

Les fleurs viennent avant les feuilles et sont disposées en corymbe; leur calyce, au lieu d'être, comme celui des fleurs que nous avons vues précédemment, formé de sépales feuillus, est un tube ventru et dur dont le limbe supérieur se sépare en cinq pointes présentant l'aspect de sépales; à la limite du calyce en cinq pointes, un léger renflement, que l'on appelle *torus,* couronne la gorge intérieure du calyce; les pétales, au nombre de cinq et les étamines en nombre illimité, y sont insérés et forment une couronne au milieu de laquelle se dressent cinq styles surmontés de leur stigmate. En coupant une fleur avancée, tu verras que ces cinq styles sont portés par cinq ovaires posés sur le réceptacle et renfermant chacun deux ovules qui deviendront des pépins. Ces ovaires en mûrissant feront grossir le calyce, lequel se confondra bientôt avec eux pour devenir la pulpe de la poire. Celle-ci formée, il ne restera plus de reconnaissable que le haut du calyce.

C'est ce que l'on appelle vulgairement l'*œil de la poire*. On y voit même souvent de petits fils brunâtres, qui sont les étamines desséchées.

On donne le nom de *péricarpe* à l'ensemble du fruit (*péri* autour, *karpos*, fruit); celui d'*endocarpe* (*endo*, enveloppe) aux petites loges ou ovaires qui renferment les pépins, et sont composés d'un tissu cartilagineux qui s'arrête désagréablement dans les dents quand on croque une poire. — L'*épicarpe* (*epi*, sur), c'est la pelure, et le *mesocarpe* (*mesos*, milieu) ou *sarcocarpe* (*sarcos*, chair), c'est la pulpe des poires ou pommes que nous mangeons; car tout ce que nous disons du *poirier* s'entend du *pommier*.

On nomme *mélonides*, de melon, nom grec de la pomme, les fruits dus à la réunion de plusieurs ovaires pariétaux (c'est-à-dire qui tapissent le calice), tels que la poire, la pomme, la nèfle, la rose, etc. Il y a des mélonides à pépins, la poire, la pomme, etc. ; et les mélonides à *nucules*, (de *nux*, noix) quand les loges qui contiennent les pépins sont osseuses, comme dans la nèfle.

Dans les noix, le sarcocarpe est ce que nous appelons le *brou;* l'endocarpe, c'est la coquille, et c'est la graine que nous mangeons. Il en est de même de l'amande.

La tribu des ROSACÉES à drupe ou DRUPACÉES (fruit charnu qui renferme un noyau) se compose de deux genres : le genre *prunier* et le genre *amandier* ou *amygdalus*. Le genre prunier se subdivise en trois sous-genres : les sous-genres *abricotier, prunier* et *cerisier;* le genre amygdalus, en sous-genres, *pêcher* et *amandier*.

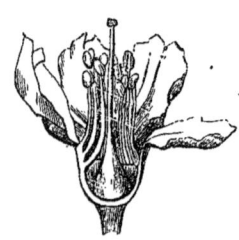

Fleur d'amandier.

Prends une fleur de *cerisier;* le calyce est formé de cinq sépales soudés dans la moitié de leur étendue ; c'est à la limite de la soudure de ces sépales que naissent les étamines au nombre de quinze à trente. Elles sont recourbées en dedans, leur filet est blanc et leur anthère a deux loges, c'est-à-dire qu'un petit sillon partage le sachet contenant le pollen.

Le calyce est tapissé aux trois quarts d'une sorte de couche jaunâtre et glanduleuse. C'est le torus qui s'est épanché en petits nectaires. Ce calyce est caduc, il tombe dès que le fruit est formé.

Au milieu des étamines, tu vois que le pistil posé sur le réceptacle n'adhère pas au calyce. C'est ce que l'on nomme *pistil libre*. Le stigmate figure un petit disque. Son style est marqué d'un léger sillon qui se prolonge dans l'ovaire et sera visible sur la cerise.

Ouvre l'ovaire, il contient deux ovules qui se réuniront en mûrissant, et la partie interne de la feuille carpellaire, l'endocarpe, se durcira et deviendra un noyau.

L'épicarpe de la cerise est lisse et brillant, et le mésocarpe succulent et juteux.

Tu comprends, n'est-ce pas, la dissemblance du fruit formé par le calyce confondu avec les ovaires et du fruit formé par le pistil libre, et tu la reconnaîtrais à première vue ; car la cerise, par exemple, n'a pas, comme la nomme, un petit ombilic à son sommet. C'est la preuve que le calyce est tombé après sa formation.

Les feuilles de cerisier sont alternes, luisantes, ovales, pointues, dentées et stipulées.

Les fruits des pêchers, amandiers, pruniers et abricotiers sont dus, comme ceux du cerisier, à un pistil libre. Je n'ai pas à te signaler les différences de leur épicarpe, qui est velouté dans la pêche, velu dans l'amandier, couvert d'une poussière blanche dans le prunier, etc., etc.

La feuille du pêcher est étroite, allongée, dentée finement et d'un vert jaune; celle de l'abricotier est presque cordiforme (en forme de cœur); celle du prunier allongée, dentée et un peu velue dessous. Quant aux racines de ces arbres fruitiers, elles ne sont pas pivotantes comme celles du poirier, mais il y en a toujours une plus forte que les autres, qui s'étendent horizontalement.

Voici maintenant la tribu des ROSÉES, dont l'*églantier* est le type. Sa racine rampante émet des rejets qui sortent de dessous terre pour former de nouveaux arbrisseaux. Ses feuilles, composées de trois, cinq ou sept folioles (petites feuilles) denticulées, sont dites

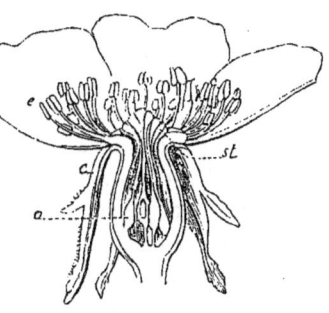

Fleur d'églantier.

*pennées*. Leur pétiole stipulé est armé d'aiguillons qui ne s'enlèvent qu'avec l'écorce. Les fleurs terminent toujours la branche et sont, selon les espèces, solitaires ou réunies en corymbes.

Le calyce, comme celui du poirier, est *monosépale*. T'ai-je dit que monosépale voulait dire formé d'un seul sépale ? Je reprends : le calyce est donc monosépale ; il se divise à son limbe en cinq lanières foliacées. Les pétales roses ou blancs, au nombre de cinq, sont insérés sur le torus qui tapisse le limbe intérieur du calyce. Leur onglet est jaune. Les étamines qui naissent aussi sur le calyce sont en nombre indéfini. Enlève-les, ouvre le calyce, tu verras que sa cavité est remplie de poils longs et soyeux, parmi lesquels une quantité d'ovaires sont attachés aux parois du calyce par de très courts pieds blancs (cela est particulier aux roses). Leurs styles soudés en faisceau avec leurs stigmates (petit plateau triangulaire) dépassent le calyce. Ces ovaires ou carpelles deviendront durs, anguleux et indéhiscents. Ils renferment chacun un ovule. Lorsque la rose sera fanée, nous verrons le calyce grossir et devenir un fruit ovale qui passera du vert au jaune pour arriver au rouge éclatant. On le nomme *cynorrhodon*, ce qui veut dire en grec rose de chien (1). Ce fruit est un mélonide.

Tu pourras remarquer, surtout dans les roses à cent feuilles, la transformation des étamines en pétales, dont quelques-uns portent sur le côté une écaille jaune qui rappelle l'anthère. Nous savons qu'une fleur double est toujours stérile ; cependant il y a des roses, notamment celles de Provins, qui, malgré plusieurs rangées de pétales, conservent leur fécondité. A propos de la rose de Provins, tu ignores peut-être qu'on la cultive dans les champs à Provins (Seine-et-Marne). C'est dans ce pays que résidait ce fameux comte Thibault de Champagne, qui eût tant désiré épouser la reine Blanche de Castille, et qui se retira dans

(1) *Kynos*, chien ; *rhodon*, rose.

son château de Provins, dit le bon Mézeray, « pour y composer des vers et entretenir ses resveries ». Il paraît néanmoins qu'il ne faisait pas que des vers, et qu'il s'occupait de cultiver une belle rose rapportée, par lui, des croisades pour la reine Blanche. Ce fut, dit-on, l'origine des cultures de Provins, qui sont devenues la richesse du pays. Ces roses sont utilisées en pharmacie et en parfumerie.

Du *rosier* allons au *fraisier*, du beau au bon. Le fraisier est le type de la tribu des DRYADÉES (de dryades, nymphes des bois), car le fraisier habite de préférence les bois, où ses fruits ont une saveur incomparable.

Les principaux genres de cette tribu sont les genres *fraisier, ronce, potentille,* etc., etc. Dans le genre frai-

Coulants des fraisiers.

sier, dont tu connais la plante herbacée, la racine charnue émet des *coulants* ou longues tiges traînantes avec chevelu et touffe de feuilles, qui, après avoir rampé de vingt à trente centimètres, prennent promptement racine. La feuille du fraisier se compose de plusieurs folioles ; on l'appelle feuille digitée, c'est-à-dire partagée en doigts distincts. Elle est dentée et un peu soyeuse en dessous.

Les fleurs sont portées en bouquet sur le haut des rameaux. Leur calice monosépale est terminé par dix pointes qui ont l'apparence de sépales. Les cinq pétales blancs sont disposés comme dans les fleurs du cerisier. Les étamines, au nombre de vingt à vingt-cinq, entourent une boule composée de très petits globules humides, surmontés chacun d'un style stigmatisé. En coupant cette boule, tu verras que chaque style est porté sur un ovaire jaune transparent et bombé en dehors. Tous ces carpelles sont insérés sur le réceptacle arrondi, qui en mûrissant deviendra une chair pourprée succulente ; elle englobera ces petits ovaires, sans toutefois les couvrir complètement ; et lorsque tu mangeras les fraises, tu sentiras sous la dent les ovules que renferme chaque ovaire.

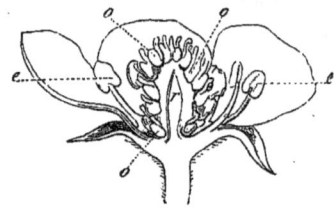
Fleur du fraisier.

De même, si tu laves les fraises, tu verras au fond du liquide une multitude de très petits fils noirâtres qui sont les stigmates desséchés.

Tu vois qu'il y a quelque ressemblance dans la manière dont le fraisier et le bouton d'or sont pistillés. Mais les carpelles de ce dernier se durcissent et restent toujours distincts, contrairement à ce qui se passe dans le fraisier.

Fraise.

Un autre genre de la tribu des DRYADÉES, c'est le genre ronce. Tu connais cet arbrisseau sarmenteux aux épines acérées, et tu peux apprécier l'analogie de son fruit avec celui du fraisier. Toutefois, le réceptacle conique de la *mûre*, fruit de la ronce, ne se gonfle pas comme celui de la fraise et reste sec. Ses nombreux carpelles grossissent et deviennent de petits drupes noirs qui composent un fruit parfumé et rafraîchissant.

L'espèce *mûre du mont Ida* est très appréciée sous le nom de *framboisier*.

La famille des ROSACÉES a donné naissance à de nombreux et charmants enfants, tels que les *spirées*, les *lauriers de Portugal*, les *lauriers-cerises* ou *amandes*, le *pyrus* ou *poirier du Japon* aux touffes de fleurs écarlates, et mille autres belles fleurs que je ne te nomme pas, puisqu'il est convenu que nous nous occuperons de l'utile seulement. A ce propos, je te dirai que nos bonnes sœurs emploient les pétales de roses desséchées en décoction comme un excellent astringent.

A bientôt la suite.

Ton affectionnée,

THÉRÈSE D.

# LETTRE XI

Clairefontaine, 20 avril 1877.

Voici, ma chère Louise, deux fleurs de MELON, dont l'une est *pistillée* et l'autre *staminée*. Car nous sommes dans la XV° classe, dite DICLINIE. Tu peux remarquer sur ton tableau de la méthode de Jussieu que, dans cette classe, nous avons les DIOÏQUES, dont les fleurs pistillées sont sur une plante, et les fleurs staminées sur une autre, comme dans le chanvre. Mais le melon, espèce du genre concombre, de la famille des CUCURBITACÉES, est monoïque ; ses fleurs, quoique différentes, habitent la même plante. Sa tige, hérissée de gros poils, est herbacée; ses feuilles étalées, grandes, poilues, rudes au toucher, sont dites à nervures palmées. Cette plante annuelle a des racines charnues ; ses tiges sont munies de vrilles qui semblent témoigner de leur nature grimpante, et cependant elles rampent sur la terre.

Revenons à nos deux fleurs : l'une, beaucoup plus grosse que l'autre, a son calyce monosépale, renflé en tube ovoïde qui se resserre à son limbe supérieur, puis se divise en cinq pointes. Les cinq pétales jaunes de sa corolle sont soudés à moitié de leur hauteur et se terminent en pointe. Arrache-les, tu apercevras au milieu de la fleur un style gros et court partagé en six ou huit lobes vert-jaune, qui ont l'aspect d'anthères; ce sont les stigmates. En coupant ce tube en deux, tu verras que les ovaires sont soudés au calyce comme dans la poire; l'intérieur du tube est rempli par des séries longitudinales de graines. Après leur

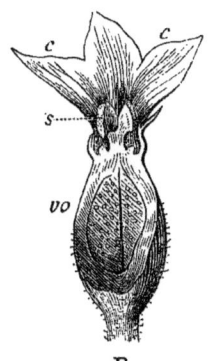 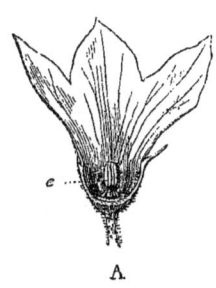

B                 A
Fleur pistillée.       Fleur staminée.

fécondation par le pollen, le calyce se développera; les cloisons qui renferment les graines se dilateront et se transformeront en chair sucrée et succulente. Maintenant examine la plus petite fleur; son calyce est moins gros que celui de sa sœur, mais la corolle est la même. Ouvre le tube du calyce, tu vois les anthères soudées ensemble, au nombre de cinq; quelquefois elles ne le sont que deux par eux et la cinquième est libre; la fente de leur unique loge regarde l'intérieur de la fleur. Lorsque cette dernière s'ouvrira, le vent ou les mouches se chargeront de faire tomber le pollen sur les fleurs pistillées placées sur les rameaux inférieurs de la plante.

Les principaux genres de la famille des CUCURBITACÉES sont les genres CONCOMBRE (qui jeunes sont les Cornichons) espèces *Melon, Coloquinte*, vulgairement Chicotin, fruit d'une extrême amertume. Tu te rappelles ce vers du poème si charmant de *Vert-Vert* :

> ... Dans les fers, loin d'un libre destin,
> Tous les bonbons ne sont que chicotin.

Le genre CALEBASSE, dont les fruits creux, en durcissant, peuvent servir de bouteilles et sont connus sous le nom de *gourdes des pèlerins*. Le genre COURGE, espèces Potiron, Citrouille, Patisson, etc., excellents légumes.

Le genre BRYONE, aux fruits rouges, ornement de nos haies, a une racine qui est un poison violent.

On donne le nom de *péponides* aux fruits ou baies des CUCURBITACÉES.

Passons à la famille des BORRAGINÉES, qui est de la VIII° classe, HYPOCOROLLIE. Corolle staminifère insérée sur le réceptacle. Prenons au milieu de cette famille nombreuse et utile la BOURRACHE. Tu connais sans nul doute la vertu sudorifique de cette plante herbacée, mais vivace, à racine fibreuse. Sa tige, ses feuilles longues et alternes sont hérissées de poils rudes et piquants. La corolle de ses fleurs, d'un bleu céleste, est protégée par cinq sépales très étroits, bordés de poils et dépassant les pétales en alternant avec eux. Le tube presque nul de cette corolle se compose de cinq lobes pointus, étalés en roue, et sa gorge est couronnée par cinq petites écailles blanches rosées à leur sommet. Les filets des étamines, blancs et larges à leur base, sont coiffés de leurs anthères noires à deux loges longues et pointues, qui, réunies autour du pistil, forment dans l'intérieur de la fleur un cône noir entouré de cinq petites pointes rouges naissant également du filet

Fleur de bourrache.    Etamine grossie.    Pistil.

de chaque étamine. L'ovaire quatrilobé, posé sur un petit disque annulaire et sinueux, qui repose lui-même sur le réceptacle, contient quatre ovules.

Les fleurs de bourrache sont disposées en panicules.

Les principaux genres de cette famille sont les genres BOURRACHE, CONSOUDE, MYOSOTIS (ou Ne m'oubliez pas), CYNOGLOSSE, HÉLIOTROPE, VIPÉRINE, PULMONAIRE, etc. Ce dernier genre passait autrefois pour être un excellent remède contre la pulmonie.

Les odorantes LABIÉES sont aussi de la VIII° classe. La *Sauge*, l'un des genres de cette famille, est une plante herbacée, bisannuelle, quelquefois vivace, à tige carrée, dont les fleurs sont réunies en bouquets ou en verticilles à l'aisselle des feuilles, lesquelles sont opposées, ovales, irrégulièrement dentées et poilues. La racine de la sauge forme une souche d'où partent des rameaux. Le calyce des fleurs portées sur de très courts pédoncules (pédicelles) est tubuleux, monosépale, et se partage à son limbe en deux lèvres dentées. Leur corolle monopétale est irrégulière. La lèvre supérieure forme une espèce de voûte, au bout de laquelle dépasse le style. La lèvre inférieure est divisée en trois lobes, celui du milieu est le plus large. Le tube de la corolle constitue à peu près les deux tiers, de sa longueur ; elle est d'un rouge éclatant ou bleu foncé selon l'espèce, et sa face extérieure velue présente des nervures, entre lesquelles sont de petites vésicules remplies d'une huile odorante, qui se continuent jusqu'au fond du calice. Fends délicatement cette corolle, tiens-la étalée ; tu verras alors sur le milieu intérieur de sa partie tubulée une sorte de ceinture de poils de différentes hauteurs et les étamines insérées au tube de la corolle. Elles sont *didynames*, c'est-à-dire que sur quatre il y en a deux plus longues que les autres. Leurs anthères sont à une seule loge. Le style du pistil qui dépasse la corolle se bifurque en deux stigmates rouges ou bleus, selon la couleur de la fleur. Il est inséré sur le disque qui supporte l'ovaire quatrilobé.

Quelques genres de labiées n'ont, comme le ROMARIN, que deux étamines ; d'autres, comme la MENTHE POIVRÉE, qui fournit l'essence dont on parfume les pastilles de menthe, ont la corolle presque régulière.

La Citronelle au délicieux parfum ainsi que la plupart des labiées sont employées en pharmacie. Leurs principaux genres sont : les genres *Sauge, Basilic, Romarin-Thym, Mélisse, Hyssope, Lierre terrestre, Lavande, Menthe,* et le genre Lamier, que l'on confond souvent avec l'ortie. Toutes les labiées ont leur tige carrée.

Voici une jolie famille appartenant encore à la VIIIe classe, la famille des Convolvulacées, où nous trouvons le charmant *Liseron* ou Convolvulus qui court dans les blés en répandant son doux parfum d'amande amère. Sa tige tortillée sort d'une petite racine horizontale qui émet des fibres ramifiées descendant verticalement dans le sol. Ses feuilles en fer de lance sont alternes, pétiolées, et à leurs aisselles naissent les fleurs. Le calyce de celles-ci est composé de cinq sépales soudés et formant à son limbe cinq lobes arrondis. La corolle des boutons, plissée avec régularité, prend en s'épanouissant la forme d'un entonnoir très évasé, dans lequel se dessinent en blanc sur fond rose les cinq pétales soudés ensemble. Au fond du tube coloré de jaune s'aperçoivent cinq étamines inégales ; leurs anthères violettes ont le filet attaché sur leur dos ; elles sont insérées au tube de

Liseron des blés.

la corolle. Le pistil est posé sur le receptacle au milieu d'un petit anneau jaune. Ce pistil est partagé dans son tiers supérieur en deux branches stigmatiques. Détache la corolle du réceptacle sur lequel elle est insérée sous l'ovaire, tu reconnaîtras l'insertion *hypogynique*. Dans une fleur avancée, tu verras que cet ovaire est à deux loges, renfermant chacune deux graines emboîtées l'une sur l'autre et présentant l'aspect d'un seul corps rond.

La famille des Convolvulacées, peu nombreuse, contient néanmoins de très jolies fleurs, telles que les *Convolvulus*, les *Ipomées*, les *Volubilis*, les *Belles-de-Jour*, la *patate,* dont les tubercules sont excellents; mais elle a donné naissance à un ennemi qui, pour être fort petit, n'en est pas moins redoutable... la Cuscute, si désastreuse pour nos récoltes, en particulier pour nos luzernes. Les tiges volubiles de ce terrible parasite sont garnies de suçoirs imperceptibles, à l'aide desquels elles épuisent les plantes qu'elles enroulent. L'effet est si prompt, que l'on voit un champ de luzerne envahi en très peu de temps sans que l'on puisse apporter d'autre remède que d'y mettre le feu pour détruire le parasite et sa victime.

J'ai eu beaucoup de mal à trouver quelques fleurs de *gadelier;* tu sais que c'est ainsi que nous nommons le Groseillier à grappes dans notre chère Normandie; presque toutes les fleurs sont déjà nouées. Aussi, comme je pense qu'il en est de même chez toi, je mets dans ma lettre deux grappes de fleurs cueillies à l'ombre.

Le groseillier appartient à la famille des Grossulariées ou Ribesiées. Cette excellente famille des plus restreintes fait partie de la XIV⁰ classe, Péripétalies, étamines insérées sur le calyce, même classe, tu le vois, que les Rosacées, les Légumineuses, etc.

Je ne t'apprendrai pas que c'est un arbuste dont la racine est ligneuse et les feuilles alternes et découpées; mais tu n'as peut-être jamais fait attention à ses fleurs? Elles sont en grappes verdâtres et campanulées; leurs pétales, au nombre de cinq, sont soudés, et, ainsi que les étamines, insérés sur le calyce. L'ovaire est infère (placé au-dessous de la corolle et des étamines), il est globuleux et couronné par le calyce persistant ; c'est le petit bouton noir que tu vois quand l'ovaire est devenu la baie rouge transparente que nous nommons groseille.

Dans cette famille, nous ne trouvons qu'un seul genre, le genre Groseillier, Groseillier a maquereau ; groseillier à grappes noires ou cassis, dont on fait une liqueur estimée, et le ribes aux jolies grappes de fleurs rouges, qui est un de nos plus charmants arbustes d'agrément.

Entrons à présent dans la famille des Caprifoliacées. qui est de la XIe classe, Épicorollie corysanthérie, ou corolle staminifère insérée sur l'ovaire. Je te dis en passant que corysanthérie veut dire anthères distinctes.

Prenons d'abord le Sureau, vu son utilité comme puissant sudorifique. C'est, tu le sais, un arbuste de trois à cinq mètres de hauteur, et même plus dans les terrains humides. Sa racine est composée de grosses fibres ligneuses; ses tiges sont creuses et remplies de moelle ; ses feuilles d'un beau vert sont opposées, et dans la variété que nous examinons, elles sont profondément découpées. C'est le *sureau à feuilles laciniées*. Ses fleurs, portées sur des pédicelles cannelés, sont réunies en cinq ombelles qui s'échelonnent pour former un large parasol. Leur calyce a cinq dents; leur corolle en roue dite *rotacée* est monopétale et se divise en cinq lobes bombés en dehors. Les étamines, insérées sur la gorge fort courte de cette corolle, sont placées entre ses divisions. En arrachant la corolle, tu vois le pistil qui est adhérent au calyce par son tube; l'ovaire dépasse un peu le calyce et se termine sans style par trois stigmates soudés ensemble; ils correspondent à trois loges calycinales dans chacune desquelles se trouve un petit ovule rosé transparent. Ces ovules, en se développant, rempliront la cavité des loges; mais lorsque le fruit sera devenu à sa maturité une baie noire, il n'y aura souvent qu'une seule graine et les cloisons n'existeront plus.

Dans la famille des CAPRIFOLIACÉES, nous trouvons les genres SUREAU, VIORNE, AUBIER, CHÈVREFEUILLE, etc.

Le genre Chèvrefeuille est bien joli; sa tige sarmenteuse s'enlace dans les buissons; ses feuilles sont ovales, et celles qui entourent les cimes de ses fleurs parfumées sont soudées ensemble : c'est ce que l'on appelle *feuilles connées*. Le calyce est un petit tube globuleux qui supporte une corolle monopétale ou long tube terminé en entonnoir, dont le limbe se divise en cinq lobes réguliers disposés en deux lèvres. Les étamines, au nombre de cinq, sont insérées sur la corolle. Trois petits mamelons verts terminent le stigmate, qui est porté sur un long style. Son ovaire à trois loges contient de petits ovules blancs en nombre illimité.

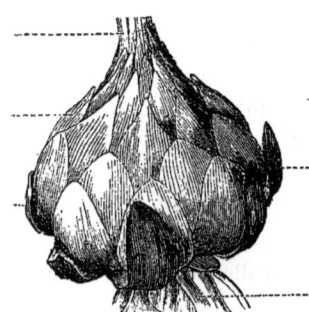

Bulbe ou oignon de Lis.

Maintenant place à la noble famille des LILIACÉES! Elle est de la 11º division, celle des MONOCOTYLÉDONES et de la IIIº classe, MONOPÉRIGYNIE, étamines insérées sur le calice.

Le lis sort d'un oignon ou bulbe; ses feuilles longues, étroites, sillonnées de nervures longitudinales, quelquefois verticillées, sont plus généralement alternes et retombent gracieusement. Les fleurs du lis, évasées en forme de cloche, sont portées en bouquet sur une tige munie de bractées dans toute sa longueur. Sa fleur se compose de six pétales en verticille, c'est-à-dire que trois enveloppent les étamines, et les trois autres, posés par-dessus, représentent plus particulièrement le calyce; elles ont même à l'extérieur une nervure verte médiane qui se continue en s'élargissant jusqu'au pédoncule. Cet aspect est surtout

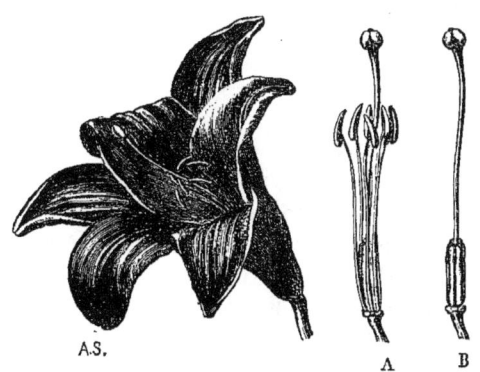

Lis, étamines et pistil. — Pistil seul.

frappant dans une fleur en bouton. Trois des pétales du lis peuvent donc être regardés comme des sépales, et les trois autres comme le calyce. Ses étamines, au nombre de six, naissent sur le fond du calyce en deux verticilles, car trois sont insérées près de l'ovaire, et les trois autres plus rapprochées des pétales. Leur filet est blanc, et les anthères jaunes, qui ont l'air de petits marteaux d'or, sont fixées par le milieu de leur dos à ces filets. Le pistil se compose de trois carpelles, et sa colonne, terminée par trois crêtes, est formée de trois styles soudés ensemble. En coupant l'ovaire en deux, tu verras que les trois loges qu'il contient

Ovaire du lis coupé horizontalement.

sont remplies de nombreux ovules disposés sur deux séries à l'angle de chaque loge.

A la famille des Liliacées appartiennent les genres Lis, Tulipe, Jacinthe, Fritillaire, vulgairement *Couronne impériale,* Aloès, aux qualités énergiquement purgatives, Yucca, etc., etc.

Puis le très utile genre Ail, espèce *oignon*, et ses congénères, *ciboule, échalote, poireau*, etc.

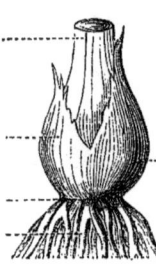

Oignon du poireau.

Le genre ail-oignon a des multitudes de fleurs réunies en capitule, enveloppées dans une spathe membraneuse jusqu'à leur épanouissement : ce sont autant de petits lis en miniature.

Le Muguet avait jadis l'honneur de faire partie de la famille des liliacées; mais on l'en a renvoyé malgré ses charmes, et il est maintenant relegué, avec les asperges et le fragon piquant, dans la famille des Asparaginées. Quels compagnons pour l'hôte printanier et odorant de nos bois !

L'Iris, type de la famille des Iridées, est comme le lis de la 2º division des Monocotylédonées, et de la IIIº classe, Monopérigynie. Ses racines, rampant au niveau du sol ou rhizomes, sont garnies de radicelles fibreuses. Ces souches, mises en chapelets et séchées, servent à parfumer les lessives dans nos campagnes; c'est aussi avec elles que l'on prépare la poudre d'iris, qui rappelle l'odeur des violettes; et enfin, ce qui est moins poétique, elles servent à fabriquer des pois à cautères!!!

Les feuilles d'iris, vert glauque, sont lisses, allongées en forme de glaive et partent directement du collet de la plante.

L'iris a, comme le lis, deux verticilles de trois pétales chacun, dont les trois extérieurs forment le calyce ; mais la fleur en bouton est recouverte d'une bractée ou spathe qui se dessèche lorsque l'iris s'épanouit. Les trois pétales extérieurs ou sépales, dressés à moitié de leur hauteur, retombent en dehors en étalant leur belle couleur violette veloutée. La partie dressée est intérieurement blanc strié de violet et traversée longitudinalement par une large nervure garnie de poils jaunes. Les trois autres pétales lilas de la corolle se tiennent élevés, et leur extrémité se penche vers le centre de la fleur. Coupe-les, et tu vas voir les trois étamines attachées au tube du calyce. Tu remarqueras aussi trois jolies feuilles blanches, dites pétaloïdes, à deux lèvres plates, qui ont à leur extrémité une ligne médiane violette ; elles sont renversées en arrière, de manière à former une voûte sur les étamines. Pratique

Iris.

une fente avec ton canif, et l'ovaire t'apparaîtra soudé avec la partie inférieure du calyce. Tu verras se dégager une sorte de colonne triangulaire qui n'est autre que les trois styles réunis, qui formeront en se divisant les lames pétaloïdes. En examinant ces dernières, tu découvriras qu'elles ont une petite gouttière médiane, et, entre les deux lèvres qui la terminent, un petit trou. Ces feuilles ne sont donc autre chose que des styles pétaloïdes, et le petit trou fait l'office de stigmate. La couleur foncée qui règne longitudinalement à l'extérieur des styles pétaloïdes indique l'existence du conduit par où pénètre le pollen. L'anthère, tu le vois, est plus basse que le trou stigmatique ; mais la ligne de poils jaunes et épais qui est sur le beau sépale violet retiendra le pollen qui tombe sur elle, et les mouches, attirées par la liqueur sucrée contenue dans le tube calycinal, seront les instruments inconscients de la fécondation en éparpillant le pollen sur les pétales, d'où quelques grains pénétreront dans le style pétaloïde.

L'ovaire de l'iris est à trois loges s'ouvrant à la maturité en trois valves remplies de graines attachées à l'angle interne de chaque loge.

Les principaux genres de la famille des IRIDÉES sont les genres IRIS, GLAÏEUL, IXIE, SAFRAN ou CROCUS, etc. Le safran, qui a pour racine un oignon, est cultivé en grand dans le Gâtinais, où il est l'objet d'un commerce important. Les longs stigmates orangés de ses fleurs violettes renferment une huile volatile précieuse pour la médecine et la teinture.

Tu dois te souvenir que nous avons souvent cueilli dans les champs de jolies fleurs que nous appelions des *veillottes*, et que les paysans nommaient du *safran bâtard :* ce sont des *colchiques;* au lieu d'être des plantes bienfaisantes comme le safran, elles recèlent dans leur racine un poison violent. La famille des COLCHICACÉES, à laquelle elles appartiennent, est de la même division et de la même classe que les liliacées et les iridées.

Je termine cette longue lettre en t'embrassant de tout mon cœur.

THÉRÈSE D.

# LETTRE XII

Clairefontaine, 3 mai 187.

Je commence par te dire, ma chère Louise, que nous avons inauguré avant-hier soir, avec une grande solennité, notre mois de Marie. L'autel de la Sainte Vierge a été recouvert de mousse et de fleurs par moi, cela va sans dire. Nous avons tous les soirs un salut splendide auquel personne ne manque. Charles tient l'orgue du chœur et nous avons installé dans la chapelle de la Vierge le petit orgue de M. le curé, qui me sert à accompagner les cantiques chantés par les filles de la confrérie. Tu sais que je touchais passablement du piano. Je me suis donc mise, sans trop de mal, à l'orgue, et le peu que j'ai appris me suffit pour soutenir mes chanteuses. Nous avons dans le recueil de Nicou-Choron des cantiques fort beaux, sur des mélodies des grands maîtres. Déjà nous avons chanté le cantique « *Un nouvel astre a paru sur la terre* », musique de Mozart ; hier, « *Enfin, de son tonnerre Dieu dépose les traits* », d'Haydn ; ce soir, nous chanterons « *Que tous les cœurs se réunissent* », sur l'air de la magnifique prière de *Guillaume Tell* de Rossini. Mes chanteuses ont généralement la voix juste; l'une d'elles fait les solos très agréablement. Tu serais ravie d'entendre avec quel ensemble tout ce petit monde chante! Mais aussi je n'épargne pas mes leçons, et je suis écoutée religieusement par mes élèves; elles ont à cœur d'égaler les garçons, qui sont sous la direction de Charles, et parmi lesquels il a formé de bons chantres. La manière dont l'office est chanté dans notre modeste paroisse ferait, je t'assure, envie à beaucoup d'églises de ville.

Retournons à notre botanique. Dans la XV<sup>e</sup> classe, PÉRIPÉTALIE, examinons l'utile famille des LÉGUMINEUSES, appelées aussi PAPILIONACÉES. Le premier nom vient du mot latin LEGUMEN, gousse (nom qui a fini par désigner tous les végétaux avec ou sans gousse que nous mangeons). Le second est dû à la forme de la fleur, ailée comme un papillon.

Prends une fleur de *petit pois;* tu as vu souvent la plante herbacée qui le produit, et tu sais que sa tige molle et creuse est munie de filaments en vrilles, au bout des pétioles, qui s'attachent aux rames ou autres objets placés près d'elle. A partir du bas de la tige et à distances rapprochées se trouvent deux larges feuilles sessiles (sans pétiole), arrondies, et si près l'une de l'autre que l'on dirait une seule feuille ronde. Ce sont pourtant deux feuilles distinctes qui enveloppent la tige et desquelles naissent un long pétiole avec quatre à six feuilles par paire et un pédoncule portant généralement deux fleurs. Le calyce de ces fleurs se compose de cinq sépales pointus, soudés à leur base; les deux supérieurs sont plus grands que les trois inférieurs. Coupe la partie libre des sépales, il ne restera plus qu'un court tube duquel naît une corolle irrégulière ou second verticille. Le pétale supérieur, large et

Rameau de pois.

ployé en deux, c'est l'étendard. Enlève-le, tu trouveras deux autres pétales appelés *ailes* (de là le nom de PAPILIONACÉES) et qui sont moins grands que l'étendard; les deux derniers petits pétales, soudés à leur base, nommés *carène*, parce qu'ils figurent, dit-on, une nacelle, me font plutôt l'effet d'un capuchon rabattu sur l'*androcée* ou réunion des étamines. Ces dernières entourent le pistil, qui naît dans le fond du tube calycinal, et présente à sa base un ovaire aplati qui fait coude avec le style. Cet ovaire est

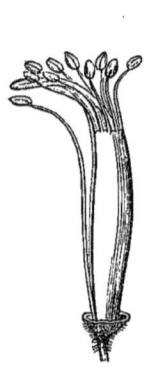
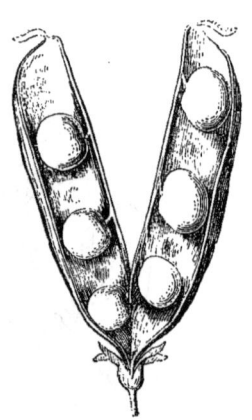

Androcée et pistil du pois.

Gousse ouverte du pois.

le rudiment de la gousse. Les étamines, au nombre de dix, dont cinq plus courtes, ne sont pas complètement libres ; elles sont soudées, sauf une, de leur base aux deux tiers de leur longueur. L'androcée du pois constitue deux verticilles, ce qui, joint au verticille des sépales, à celui de la corolle et à celui du pistil, nous donne cinq verticilles. J'entre dans ce détail pour que tu n'oublies pas ce que sont les verticilles de la fleur. Les POIS de toute espèce, les HARICOTS, les FÈVES, les LENTILLES, appartiennent aux

LÉGUMINEUSES, ainsi que la *luzerne*, la *lupuline*, le *trèfle*, la *gesse*, le *lupin*, la *vesce*, le *genêt*, l'*ajonc marin* qui couvre nos falaises d'un manteau d'or, la *réglisse* ou *bois doux*, etc.

Dans les nombreux genres ou espèces de cette famille se trouvent de beaux arbres d'ornement, tels que : l'*acacia*, le *robinier* ou *faux ébénier*, le *sophora* du Japon, l'*arbre de Judée*, etc., etc.

Parmi les arbustes et les plantes remarquables : la *glycine* aux jolies grappes bleues, l'*indigotier*, la *coronille*, les *lupins odorants*, les *lupins vivaces*, les *pois de senteur*, etc., etc.

Continuons à choisir dans le potager nos sujets d'examen. Prenons la famille des SOLANÉES, qui est de la VIII<sup>e</sup> classe, HYPOCOROLLIE ou, corolle staminifère insérée sur le réceptacle. Cette famille a engendré des enfants bien dangereux, tels que : la *belladone*, la *jusquiame*, le *datura*, poisons terribles! Le tabac, qui fournit la nicotine, est aussi une SOLANÉE. Il fut importé de l'île de TABAGO (1) en France l'an 1560 par NICOT, ambassadeur de France en Portugal. L'impôt sur ce produit malsain est l'un de ceux qui rapportent le plus à l'État.

Mais la famille des SOLANÉES a produit la POMME DE TERRE, qui compense largement les défauts de ses autres enfants.

La pomme de terre est inscrite dans la botanique sous le nom de SOLANUM *tuberosum* ou *morelle tubéreuse*. Je n'ai pas à te décrire ce précieux tubercule ; il affecte, tu le sais, à peu près toutes les formes, depuis la ronde jusqu'a là longue. Il n'est pas à proprement dire une racine, mais plutôt une espèce de loupe appartenant aux rameaux sou-

(1) Antilles espagnoles.

110  UNE ANNÉE A LA FERME

terrains de la plante. Son feuillage, d'un vert sombre, est pinnatifide (feuille découpée comme les barbes d'une plume); ses fleurs longuement pédonculées, disposées en cymes terminales, sont violettes ou blanches, selon l'espèce. Leurs sépales, soudés à leur base, ont cinq divisions; leur corolle en roue a cinq pétales soudés ensemble, terminés en pointe, et forme à sa base un tube assez court, inséré sur le réceptacle. Les cinq étamines prennent nais-

Partie souterraine de la pomme de terre

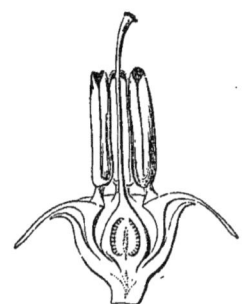
Fleur de pomme de terre ouverte.

sance sur ce tube et y sont posées verticalement; leurs anthères très longues, marquées d'un sillon, s'ouvrent en haut par deux petits trous. Elles coiffent leur filet, qui n'est pour ainsi dire pas apparent. Elles sont si rapprochées l'une l'autre qu'elles présentent l'aspect d'une petite gaîne jaune de forme conique, au milieu de laquelle on aperçoit un très petit bouton vert. C'est le stigmate. Le style est posé sur un ovaire arrondi qui à sa maturité deviendra une baie verte à deux loges contenant la graine.

On donne le nom de *baie* à tout fruit charnu renfermant des graines, qu'il y ait ou non des cloisons.

Tu sais, je n'en doute pas, que la pomme de terre est originaire d'Amérique ; mais peut-être ignores-tu qu'elle en fut rapportée par l'amiral anglais Raleigh en 1586, sous la reine Élisabeth. Ce ne fut que plus tard, sous Louis XVI et par les soins du chimiste Parmentier, que la culture de cet aliment précieux se propagea en France. On se demande comment on ferait à présent pour se passer d'un légume devenu indispensable aux pauvres et aux riches.

Nous trouvons dans la famille des SOLANÉES une jolie petite plante sarmenteuse, la *douce-amère*, dont les baies rouges ont l'air de pendants en corail. Sa tige est employée en tisane pour purifier le sang. Puis la *morelle melanogène*, appelée vulgairement *plante aux œufs*, à cause de ses baies blanches, qui ressemblent, à s'y tromper, à des œufs de poule. L'aubergine, à baies violettes, est une variété potagère de la *plante aux œufs*. J'allais oublier la belle et bonne *tomate*, qui est pourtant une excellente SOLANÉE.

Voici maintenant les COMPOSÉES, immense famille qui possède plus de neuf mille espèces ! Elle est de la dixième classe, ÉPICOROLLIE SYNANTHÉRIE. Corolle staminifère insérée sur l'ovaire. Synanthérie veut dire que les anthères forment une gaîne autour du style (*syn*, ensemble).

Nous ne nous sommes occupées que des trois principales divisions de cette famille :

1° La tribu des FLOSCULEUSES, où les corolles sont tubuleuses, comme dans le *bleuet* ;

2° La tribu des DEMI-FLOSCULEUSES, où les corolles sont en languettes, comme dans le *pissenlit* ;

3° La tribu des RADIÉES, où le disque est composé de fleurs et les rayons de la circonférence de demi-fleurons, comme dans les *marguerites*.

Dans la première tribu, celle des FLOSCULEUSES, nous trouvons les genres CENTAURÉE, BLEUET, CHARDON, ARTICHAUT, etc. Prends le bleuet; bien qu'il soit annuel, ses tiges sont presque ligneuses; sa racine consiste en trois ou quatre petits cônes écartés l'un de l'autre obliquement; ses feuilles étroites, dentées à leur base, sont dépourvues de pétiole. La fleur se compose de nombreuses fleurs réunies sur un réceptacle commun entouré d'un involucre ou enveloppe de bractées, petites feuilles coriaces qui s'étagent comme des écailles en sept ou huit rangs et forment un calyce ovoïde. Les fleurs sont insérées dans de petites fossettes sur le réceptacle épais et compacte; mais les beaux fleurons bleus, couronne du bleuet, n'ont ni étamines ni pistils; ils sont donc stériles. Prends une des fleurs du centre; sa corolle est monopétale; elle présente un tube allongé, renflé à sa partie médiane, qui se resserre vers son extrémité supérieure et se sépare en cinq lobes profonds. Le tube très mince de cette corolle est porté sur un ovaire couronné de poils, qui est inséré sur le réceptacle. Ouvre la corolle, tu vois dans son intérieur une colonne centrale d'un bleu violet, qui la dépassait quand la fleur était entière. Cette colonne est surmontée d'une petite fourche blanche qui, tu le devines aisément, est le stigmate du pistil, et la colonne n'est autre que la réunion des anthères soudées ensemble. Elle tient au tube de la corolle par cinq petits filaments blancs, renflés et velus sur le milieu : ce sont les filets des étamines. Fends le tube formé par ces étamines, tu verras le style porté sur l'ovaire. Enlève les poils qui entourent ce tube, tu découvriras au sommet de l'ovaire un très petit cylindre jaune, d'où naît la corolle staminifère, et qui est la base du style. Un peu au-dessous du stigmate, quelques poils blancs sont plantés sur une sorte de nœud du style; ils retiennent des grains de pollen qui ne sont évidemment pas destinés à féconder cette fleur, puisqu'ils sont plus bas que le stigmate; mais ils tomberont sur les fleurs voisines les plus avancées, car l'épanouissement se fait de proche en proche, et à son tour la fleur que nous examinons recevra d'une autre fleur le pollen qui pénétrera dans son style allongé démesurément loin de ses propres anthères.

En détachant du réceptacle une fleur avancée, tu peux voir que l'ovaire, soudé avec le tube calycinal, ne contient qu'une seule graine libre d'adhérence avec sa paroi : c'est donc un *akène*.

En voilà bien long, vas-tu dire, sur une fleur inutile! D'abord, je réponds que le bleuet n'est pas inutile; car les fleurs bleues de sa couronne, macérées dans de l'eau-de-vie, font un excellent collyre. On en met une goutte dans de l'eau chaude et l'on se bassine les yeux soir et matin. Grâce à ce remède, on est assuré, paraît-il, de garder ses yeux de quinze ans jusqu'à quatre-vingts ans... Cette précieuse vertu a valu aux bleuets le nom symbolique de CASSE-LUNETTES. Cela se comprend. Mais, outre cette qualité que nous ne pouvons encore apprécier personnellement, le bleuet, ma chère amie, est tout simplement un joli petit artichaut en fleurs; et s'il y avait eu dans ce moment des artichauts fleuris, je t'en eusse décrit un au lieu d'un bleuet. Nous mangeons l'artichaut à l'état de bouton;

ses feuilles vertes ne sont autre chose que les bractées de l'involucre ; le fond charnu et délicat est le réceptacle, et le foin se compose d'une multitude de fleurs à l'état rudimentaire.

Le chardon est aussi un petit artichaut, mais un artichaut reservé à maître Aliboron et aux chardonnerets.

Tu as cueilli quelquefois dans les bois une petite plante aux fleurs rose vif en corymbe, que l'on appelle *petite centaurée;* mais elle n'appartient pas à la famille des composées et n'a aucun rapport avec les *centaurées bleuets.* Elle est de la famille des GENTIANÉES, de la VIII° classe, HYPOCOROLLIE. On fait avec cette plante une tisane fébrifuge.

Dans la II° tribu des composées, celle des DEMI-FLOSCULEUSES, nous avons les genres CHICORACÉE, LAITUE, PISSENLIT, etc.

Voici un pissenlit : c'est une petite plante herbacée, dont la racine en cône est munie de grosses fibres. Sa tige reste au niveau du sol, et les feuilles, profondément déchiquetées, s'étalent et s'amincissent en pétioles cotonneux autour de l'axe central. Lorsqu'on les coupe, il en sort un liquide laiteux qui existe aussi dans la racine. Sa fleur est portée sur un long pédoncule creux et glabre (sans feuille). Elle est garnie en dessous de bractées, ou petites feuilles, qui entourent le réceptacle d'un involucre à deux rangs, dont l'un retombe sur le pédoncule et l'autre se redresse contre la fleur, laquelle est une réunion de fleurettes que l'on prendrait à première vue pour des pétales, et qui sont des fleurs complètes. Elles sont insérées sur le réceptacle bombé, formant une petite voûte sur le pédoncule, qui est en creux. Détache une de ces fleurs, tu verras que chaque corolle, posée sur le réceptacle dans une sorte de petite fosse, est formée d'une longue languette jaune rayée et terminée par cinq petites dents; c'est ce que l'on nomme un fleuron ligulé. Cette corolle est repliée à sa base en un petit cornet velu qui renferme les étamines et le pistil. Les étamines soudées ensemble ont leurs anthères dépassées par le style fort long, terminé par deux petites fourches pointues (le stigmate). A la base de la corolle est une aigrette soyeuse posée sur un très mince tube qui appartient à l'ovaire. A mesure que la fleur se fane, le tube s'allonge rapidement; il entraîne avec lui la corolle, qui ne tarde pas à se dessécher et à tomber. Alors l'aigrette de poils s'étale horizontalement au sommet de son col, devenu deux fois plus long que l'ovaire. L'involucre se referme sur les ovaires; et lorsque la maturité est complète, les bractées retombent, et la sphère formée des aigrettes étalées développe sa symétrie. Bientôt le vent enlève les aigrettes; celles-ci s'envolent emportant les ovaires, qui, soutenus par ces petits parachutes, franchissent quelquefois des distances considérables avant de tomber sur la terre, où ils doivent germer.

Chaque ovaire ne contient qu'une graine.

La III<sup>e</sup> tribu, celle des RADIÉES, renferme les genres MARGUERITE, CAMOMILLE, TOURNESOL, SOUCI, CHRYSANTHÈME, etc.

La grande *marguerite blanche* des prés, que nous disséquons, est une plante annuelle, herbacée, à racine chevelue; ses feuilles découpées sont alternes. Un involucre de petites bractées imbriquées entoure la fleur. Tu vois, à l'aide de ta loupe, que le disque jaune est composé de fleurs dont les corolles forment des cloches régulières. Les rayons blancs de la circonférence ne sont que des demi-fleurons, car ils ne renferment qu'un pistil. Ils ont six nervures longitudinales terminées par trois petites dents.

Quant aux fleurs du disque, elles sont complètes. En ouvrant la corolle monopétale divisée en cinq lobes, tu apercevras les cinq étamines à filet, avec leurs anthères soudées, portées sur le tube de la corolle, et au milieu d'elles le style terminé par deux petites branches poilues, purpurines : c'est le stigmate. Le style forme à sa base une très petite boule verte posée dans le petit godet ou torus, qui a donné naissance à la corolle staminifère, au-dessous de laquelle tu vois le calyce soudé par son tube cannelé et jaunâtre avec l'ovaire, lequel ne contient qu'une seule graine.

Racine de dahlia.

Tout cela est bien petit, et je pense que tu vas trouver, comme moi, que c'est plus difficile à examiner que le bleuet et le pissenlit. Il ne s'agit pourtant que d'avoir la main délicate ; car pour les yeux, bien que nous ne fassions pas usage de l'eau de bleuet, je crois que rien ne nous manque de ce côté.

A la famille des COMPOSÉES appartiennent aussi l'*absinthe*, l'*armoise*, le *millefeuilles*, le *seneçon*, le *baume*, le *tussilage*, le *salsifis*, l'*eupatoire*, le *dahlia*, le *zinnia*, le *topinambour*, etc., etc., enfin, la plupart des belles fleurs de nos jardins.

Sur ce, je te quitte bien vite, car voilà encore une lettre des plus longues ; mais j'espère néanmoins que tu ne t'en plaindras pas.

Je t'embrasse et suis ton affectionnée,

THÉRÈSE D.

## LETTRE XIII

Clairefontaine, 23 mai 187...

Je t'écris, ma chère Louise, au lendemain de notre Fête-Dieu, qui a été réellement magnifique et favorisée par un temps exceptionnel.

Depuis ma dernière lettre, j'ai été occupée des préparatifs de notre reposoir. Nous y avons travaillé dix jours à l'avance, et, je puis l'avouer sans orgueil, il était admirable! D'abord, nous avons cueilli du lierre et de la mousse; il en fallait énormément. Notre reposoir était érigé à l'entrée de la ferme; nous avions installé au milieu des deux barrières ouvertes une véritable grotte. Pour cela, nous avions fait une voûte avec des cerceaux très rapprochés les uns des autres, couverts de mousse et dont les intervalles étaient remplis de paquets de mousse. Ces cerceaux étaient attachés sur la barrière également garnie de mousse, et le fond était fermé par un épais tapis sur lequel nous avions cousu par touffes rapprochées de la mousse. Nous avions donc construit une grotte charmante sur les parois de laquelle serpentaient de longues tiges de lierre.

L'entrée, ornée de branches de chêne attachées sur des planches de manière à simuler des arbres, était dominée par les magnifiques ormes qui couronnent le talus de la ferme. Tu vois cela d'ici, n'est-ce pas? Notre grotte confectionnée, nous avons élevé sur trois marches un petit autel recouvert de mousse et orné de lierre comme les parois de la grotte. Sur cet autel, des gradins supportaient des vases remplis de roses et des candélabres de cristal. Nous avions aché les vases et les gradins avec de la mousse, de sorte que l'on ne voyait que des fleurs et des lumières émergeant d'une montagne de verdure. La jolie statuette de la Sainte Vierge que tu m'as donnée dominait le tout. Les marches de notre autel étaient aussi recouvertes de mousse, car je voulais que mon reposoir fût complètement champêtre. Tu ne t'imagines pas comme c'était joli de voir dans cette grotte sombre les lumières se refléter sur le cristal et éclairer les fleurs et la verdure ! Bien que les gens de campagne soient ordinairement peu touchés par les choses rustiques, mon reposoir a excité l'enthousiasme général. J'entendais répéter autour de moi : « Ah! c'est-y biau! Et dire que c'est fait avec de la mousse et des brins d'herbe! »

Tu connais le chemin qui va de chez nous à l'église ; c'est une petite *cavée*, s'il t'en souvient, toute bordée d'arbres. Eh bien! nous avions relié ces arbres avec d'énormes guirlandes de lierre ornées de belles pivoines, et nous avions semé des feuillages jusqu'à l'église.

La procession ne s'est faite que l'après-midi, car M. le curé ne veut pas que ses paroissiens manquent la messe pour faire leurs reposoirs, ce qui serait inévitable si la procession avait lieu le matin.

Les jeunes garçons marchaient en tête avec la bannière de la Sainte Enfance ; puis la confrérie de la Sainte Vierge, celle du Saint-Sacrement et toutes les petites filles en

Procession de la Fête-Dieu.

blanc couronnées de fleurs et portant des corbeilles remplies de feuilles de roses. Le dais en damas blanc était surmonté de quatre superbes bouquets de fleurs blanches avec de longues herbes retombantes, mille fois plus jolies je t'en réponds, que les panaches de plumes dont on orne le dais habituellement. Il était porté par les marguilliers ; le conseil municipal et tous les hommes du village, cierge en main, l'entouraient. Les femmes venaient derrière, personne ne manquait; les infirmes même avaient été amenés sur le seuil de leur demeure pour recevoir la bénédiction du Saint-Sacrement que le prêtre présentait à leur adoration. Je ne saurais te dire combien il était touchant de voir la foule marcher pieusement en chantant cette belle prose Lauda Sion au milieu de cette campagne verdoyante !

La procession a commencé par s'arrêter à notre reposoir, qui était le plus près de l'église. L'orgue, caché derrière la grotte, a accompagné l'Ave verum d'Haydn, chanté avec beaucoup de goût par un élève de Charles ; puis, après la bénédiction, reçue par des cœurs bien émus, la procession a suivi son parcours dans toute la paroisse. Il y avait huit reposoirs !

On n'est rentré qu'à cinq heures dans notre église, ornée de fleurs et de feuillage avec un goût parfait par les bonnes sœurs ! C'est un joli petit édifice du XII$^e$ siècle sous le vocable de saint Julien. Elle fut, dit-on, donnée à l'abbaye de Montivilliers par Robert le Diable, père de Guillaume le Conquérant. Mais de cette primitive église il ne reste plus que le souvenir. Mon oncle, en nous faisant remarquer l'ogive qui sert de portail à l'église actuelle et la fenêtre qui la surmonte, nous a dit que c'était le style de la première période de l'ère ogivale, qui s'étend du XII$^e$ au XIV$^e$ siècle; les arcades de la nef, avec leurs chapiteaux ornés d'un rang de feuilles ouvertes, datent de la même époque ; mais le chœur est, paraît-il, du XVI$^e$ siècle, ainsi que le porche latéral construit en bois. Il était autrefois décoré de statuettes ; elles ont été détruites, mais on voit encore des salamandres, emblèmes de François I$^{er}$, et des dragons d'un effet très pittoresque.

Un dîner offert par mon oncle Étienne, qui est maire, a réuni M. le curé et les marguilliers et a terminé cette belle journée. J'ai été l'ordonnatrice du festin ; car tu sauras, ma chère amie, que depuis quelque temps je suis investie des fonctions de chef pour les *jours de réception*. Mais comme il serait malséant de mêler le profane au sacré, je remets à ma prochaine lettre, qui ne se fera pas attendre, le narré de ce repas officiel, et je te dis à bientôt.

Thérèse D.

## LETTRE XIV

Clairefontaine, 27 mai 187...

Tu vois, ma chère Louise, que je ne t'ai pas trompée en te promettant une prompte missive; mais, avant tout, je veux t'apprendre que nous avons reçu de bonnes nouvelles de mon père. Il espère pouvoir revenir en France avant la fin de l'année. Pense si nous sommes heureuses! Et combien le serions-nous plus encore si le voyage que tes parents projettent de faire ici après les vendanges coïncidait avec le retour de mon cher père! Quelle fête complète! Espérons! espérons!

Mais j'ai à te faire le récit de notre festin. Écoute :

Le couvert a été dressé sous un vaste hangar, et les murs revêtus de draps blancs ornés de guirlandes de fleurs, de lierre et de mousse. Le service de table, qui ferait envie à plus d'une Parisienne, est en *vieux Rouen* et ressortait admirablement au milieu des vases de fleurs que j'avais posés de distance en distance sur la table. Tout le monde a pris place ainsi : M. le curé au haut bout de la table avec ma mère à sa droite, mon oncle Étienne à sa gauche, messieurs les marguilliers, mon oncle Léon, moi, les domestiques au bas bout de la table.

On a commencé par le potage et le bœuf accompagné de saucisses. Après est venu un magnifique bard entouré de persil frisé et de fleurs de bourrache ; deux entrées, civet de lapins (mes élèves !) et canards de Rouen aux petits pois. Pour rôti, deux dindons et deux gigots de présalé, des haricots et de la salade. Voilà la partie solide du repas. Pour entremets, une crème au caramel et un splendide plumpudding qui m'a valu les compliments les mieux mérités !... Cela n'est pas très modeste, vas-tu dire... peut-être ; mais c'est la vérité qui s'échappe de ma plume... D'ailleurs, tu sauras que la recette de ce plat m'a été donnée par miss Norris, mon ancienne maîtresse d'anglais, et que je n'ai eu d'autre mérite que d'avoir exécuté ponctuellement ses prescriptions. Pour dessert, nous avons eu des fraises, des cerises, des macarons, etc. Je passe sous silence les vins, qui n'ont aucun intérêt pour nous, et je vais te transcrire les recettes de mes œuvres culinaires.

D'abord la sauce du bard, une excellente mayonnaise. On met un jaune d'œuf très frais dans un bol, et après avoir retiré soigneusement le germe, on verse de l'huile goutte à goutte en tournant toujours du même côté avec une cuiller d'argent pour bien opérer le mélange ; on ajoute de temps en temps quelques gouttes de vinaigre, du sel, du poivre. Je ne te précise pas dans quelle mesure, car cela dépend du goût ; mais on doit s'arranger pour que la sauce soit relevée sans être violente. Quand on est arrivé à incorporer la quantité d'huile voulue, on met de la moutarde et une cuillerée d'eau, surtout si l'on fait la sauce à l'avance, parce qu'elle deviendrait plus épaisse qu'il ne faut. On la met dans la saucière et on la descend à la cave. Si la chaleur ou une autre cause faisait tourner la mayonnaise, on mettrait un jaune d'œuf dans un bol, et goutte à goutte on incorporerait la sauce tournée, qui reviendrait ferme. Voilà donc ma sauce faite.

Je ne te parle pas du civet, qui n'était pas de ma compétence, et je passe sans transition à la crème. Je te donne les doses pour quinze pots. Je fais à l'avance le caramel dans une casserole de cuivre *non étamée*. Je mets deux livres de sucre fondre sur le feu avec très peu d'eau ; en cuisant, il passe à l'état de caramel ; et lorsqu'il est de couleur brun foncé, j'ajoute un demi-verre d'eau bouillante, après avoir retiré la casserole du feu, car cela occasionne des bouillonnements qui feraient répandre le liquide ; puis je remets sur le feu, et, après quelques minutes d'ébullition, je verse le caramel dans un pot de faïence, d'où, lorsqu'il est à moitié refroidi, je le transvase dans des bouteilles que je bouche le lendemain. Il se conserve ainsi des années ; seulement, quand on veut s'en servir, il faut faire tremper la bouteille dans l'eau chaude, pour que le caramel puisse en sortir facilement. Moi, je la mets dans le réservoir du fourneau de fonte. Bien entendu, j'ai soin de retirer le bouchon, et je veille à ce que l'eau ne soit pas trop chaude en commençant et à ce qu'elle n'entre pas dans la bouteille. Ceci posé, prenons un litre de lait et faisons-le bouillir avec un morceau de vanille, si nous voulons rendre notre crème plus délicate ; mettons fondre dans ce lait cent cinquante grammes de sucre et une pincée de sel fin ; versons-y trois ou quatre cuillerées de caramel, selon que nous désirons la crème plus ou moins brune, et laissons un peu refroidir. Il ne faut pas que le caramel soit trop chaud quand on le met dans le lait, car il le ferait tourner. Nous prenons douze œufs séparés de leur blanc et nous versons doucement le lait en remuant ; puis nous passons le tout au tamis et nous emplissons nos petits pots, que nous mettons dans une casserole plate sans queue sur notre fourneau, après l'avoir remplie d'eau bouillante jusqu'à moitié de la hauteur des pots. Nous y posons le four de campagne avec feu dessus, et au bout de dix minutes notre crème est prise.

Pourquoi, me demanderas-tu, ne pas faire prendre la crème dans un plat ? — Parce que d'abord elle prend mieux dans les petits pots et que surtout on peut la faire deux ou trois jours à l'avance sans craindre qu'elle ne tourne, ce qui arriverait si elle était dans un plat. Si l'on voulait avoir une crème moins coûteuse, on ne mettrait que six œufs avec les blancs ; elle serait moins fine, mais néanmoins très bonne.

A présent, le fameux PLUMPUDDING ! Prends trois cents grammes de raisin de Corinthe, épluches-en les queues ; trois cents grammes de raisin de Malaga, extrais-en les pépins et les queues ; deux cents grammes de mie de pain rassis bien émietté dans un torchon ; cent cinquante grammes de farine, deux cents grammes de sucre en poudre, cinq œufs, deux cents grammes de beurre ou de graisse de bœuf bien épluchée et coupée en fort petits morceaux (moi, je préfère le beurre). Tu commences par délayer les œufs et la farine ; tu ajoutes la mie de pain, un bon verre d'eau et de rhum, le raisin, le sucre, environ cinquante grammes de citron confit, autant d'angélique, une cuillerée de canelle en poudre, une cuillerée de gingembre, une bonne pincée de sel, une de poivre. Mélange le tout la veille et ne mets le beurre coupé en morceaux qu'au moment de faire cuire. Tu ajouteras un demi-verre de rhum; et si le mélange était trop épais, tu l'éclaircirais avec un peu d'eau. Mais tu comprendras qu'il doit être de consistance à ne pas passer au travers du torchon dans lequel tu vas le verser. Tu réunis ce torchon dans ta main quand ton plumpudding y est, de manière à former une boule que tu noues le plus serré possible. Tu mets cette boule dans une chaudière ou pot au feu dont tu as garni le fond d'une de ces petites grilles (porte-plats) en fil de fer, afin que le torchon ne prenne pas au fond. Tu verses de l'eau bouillante, de sorte que ton plumpudding en soit bien couvert, et tu laisses bouillir au moins quatre heures, remettant de l'eau chaude à mesure qu'elle tarit et retournant ton plumpudding sens dessus dessous toutes les heures. J'allais oublier de te dire qu'avant de mettre ton plumpudding dans le torchon, on mouillait ce dernier dans de l'eau fraîche, puis on le tordait pour bien l'essorer. Le plumpudding cuit, tu le places dans une passoire et tu le renverses au bout d'une minute, en défaisant le torchon, sur un plat d'argent ou de fer battu. Tu couvres de sucre en poudre le gâteau, tu verses dessus de l'eau-de-vie ou du rhum que tu as préalablement fait chauffer (sans bouillir surtout!), tu mets le feu et tu portes ton œuvre brûlante sur la table où t'attendent les félicitations des convives. Cet entremets a l'avantage de plaire généralement à tout le monde et d'être excellent froid. Les quantités que je te donne sont pour un plumpudding pouvant être servi sur une table de huit ou dix couverts; libre à toi de les diminuer ou de les augmenter.

Voilà une lettre remplie de gourmandise! Mais, après tout, c'est pour bien recevoir ses convives que l'on s'étudie à confectionner toutes ces friandises ; et puis enfin il n'est pas défendu d'aimer ce qui est bon quand on y met de la modération, n'est-ce pas?

A ma prochaine lettre la reprise de notre botanique.

Ton affectionnée,

Thérèse D.

# LETTRE XV

Clairefontaine, le 5 juin 187...

Reprenons nos causeries par la famille des VIOLARIÉES, qui est de la XIII° classe, des HYPOPÉTALIES, étamines insépées sur le réceptacle. Elle se résume en un seul genre : le genre VIOLETTE ; car la *pensée*, qui est le type de cette famille, n'est autre qu'une violette tricolore. Cette plante herbacée est bisannuelle ou vivace, selon le terrain (elle est vivace chez nous). Sa racine est un petit pivot. Ses feuilles sont alternes, à lobes profonds et crénelés. Sa fleur est portée sur un long pédoncule muni au milieu de sa longueur de deux très petites bractées. Les cinq sépales peu réguliers qui composent son calyce sont attachés au réceptacle et soudés à leur base ; sa corolle est formée de cinq pétales ; les deux supérieurs sont ordinairement violets et veloutés ; les inférieurs sont jaunes avec une tache violette au bord, et des rayons noirs partant du centre et s'arrêtant aux deux tiers des pétales. Le pétale du milieu est plus large que les autres ; il forme à sa base une sorte de cornet court et arrondi. Les cinq étamines, légèrement soudées par leurs anthères, ont de très courts filets. Leurs sachets jaunes sont chacun surmontés d'une petite écaille orange. Les deux anthères inférieures sont pourvues de queues qui viennent se loger dans le cornet du pétale inférieur, ce qu'il est facile de vérifier en fendant ce petit cornet. Le pistil est d'une forme bizarre; sa base, l'ovaire, est arrondie, puis se resserre comme un cou d'oiseau surmonté par une petite boule; au milieu un trou, le stigmate,

Violette.

Pensée.

figure une bouche à lèvre pendante. Les anthères s'ouvrent en dedans et sont en contact facile avec cet orifice, qui est humide et gluant. En coupant horizontalement l'ovaire, tu le verras rempli de petits ovules blancs, attachés par des filets très minces au *placenta* (tissu intérieur de l'ovaire); l'ovaire de la Pensée est à une seule loge. Cependant, lorsqu'une fois mûr, on presse entre les doigts le fruit devenu capsule, il se sépare en trois compartiments, dont chacun contient deux rangées de graines.

On fait avec les fleurs de la pensée sauvage une tisane dépurative.

La violette odorante et printanière a son feuillage cordiforme, denté et longuement pétiolé. Sa racine vivace, qui forme de petites souches, émet des coulants comme le fraisier. Le stigmate de son pistil, au lieu d'être renflé en boule, est crochu. Ses pétales sont tous de la même couleur, et la capsule de son ovaire est velue. Tu connais les vertus adoucissantes des fleurs de violette en tisane et en sirop. Sa racine possède les propriétés vomitives de l'ipécacuanha.

Tous nos toits et nos murs sont dans ce moment couverts par une charmante petite fleur jaune que l'on payerait certes bien cher si elle était rare. On dirait des plaques d'or posées sur la mousse de nos toits de chaume. J'en mets un échantillon dans ma lettre, de peur que tu ne puisses t'en procurer dans ton pays. C'est un SEDUM, vulgairement *orpin*, de la famille des CRASSULACÉES, laquelle famille appartient à la XIV° classe des PÉRIPÉTALIES, étamines insérées sur le calyce. La quantité de sève qui gonfle les tiges et les feuilles des plantes de cette famille leur a fait donner le nom de *plantes grasses*. La racine de celle qui nous occupe est composée de fils si menus, qu'elle pénètre entre les pierres des murailles et vit presque sans terre. Ses feuilles sont épaisses et cylindriques; sa fleur est de celles que l'on nomme *symétriques*. Cinq sépales soudés à leur base composent le calyce ; les cinq pétales jaunes de la corolle sont étalés, et cinq étamines placées entre ces pétales les soudent entre eux et en font une corolle monopétale, bien qu'elle n'en ait pas l'apparence. Cinq autres étamines plus courtes sont placées devant les pétales; ces dix étamines naissent sur une sorte de disque qui a envahi le calice. Le pistil a cinq carpelles soudés à leur base; son sommet est marqué d'une petite tache orange: c'est le stigmate; il est séparé des ovaires par un col peu prononcé. Dans une fleur très avancée, on voit à l'intérieur de l'ovaire les graines posées en deux rangées sur les feuilles carpellaires, lesquelles ont chacune à leur base une petite glande nectarifère. Ainsi le sedum a cinq sépales, cinq pétales, cinq étamines longues, cinq courtes, cinq carpelles; il a donc les conditions d'une fleur symétrique.

Plusieurs espèces fort jolies se font remarquer dans la

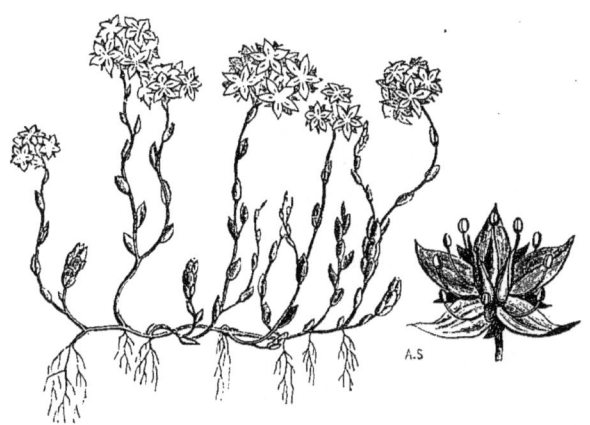

Sedum — Fleur isolée.

famille des CRASSULACÉES, entre autres le *sedum à fleurs bleues*, le *sedum délicat*, le *sedum à feuilles de peuplier* et le *sedum de Siebold*, dont les fleurettes délicates ornent si bien les suspensions.

Le genre JOUBARBE, dont les feuilles finement dentées sont disposées en rosette, est aussi de cette famille. C'est une plante médicinale.

Voici maintenant les OMBELLIFÈRES, famille de la XII⁰ classe des ÉPIPÉTALIES, étamines insérées sur l'ovaire. Cette famille contient les genres PERSIL, CERFEUIL, ANGÉLIQUE, FENOUIL, CAROTTE, CÉLERI, PANAIS, PANICOT DES CHAMPS, CIGUE, poison célèbre, etc.

Prends le cerfeuil ; c'est une petite plante herbacée et annuelle à racine grêle ; ses tiges sont creuses ; ses feuilles, tripennées par paires, répandant une odeur aromatique, sont pétiolées et finement découpées. Le calyce de ses très petites fleurs blanches est cannelé et n'a pas de sépales ; leurs pétales échancrés, au nombre de cinq, naissent, ainsi que les cinq étamines, sur le tube calycinal adhérent à l'ovaire, lequel ovaire a deux loges renfermant chacune un ovule allongé et recouvert d'une sorte de disque glanduleux qui laisse passer les deux styles.

Les fleurs du cerfeuil sont disposées en ombelle ; l'ombelle est composée d'ombellules ; l'ombellule est la réunion des pédoncules qui portent les pédicelles des fleurs. La base des ombellules est garnie de très petites bractées, et celle des ombelles de branches de feuilles.

Le cerfeuil, outre ses vertus culinaires, est médicinal ; on en fait une infusion très rafraîchissante pour l'usage interne et externe.

Un mot sur le PLANTAIN, qui est aussi fort utile, je ne parle pas pour les serins, mais pour les humains. On fait une décoction de ses longues et larges feuilles, fruits et racine herbacée compris, qui est excellente pour les yeux.

Ce modeste petit individu appartient à la VII⁰ classe des HYPOSTAMINIES, étamines insérées sur le réceptacle, groupe des fleurs APÉTALES (sans pétale) ; ses fleurs en longs épis ont leur calyce à quatre divisions, quelquefois soudées en une seule. La corolle est remplacée par un petit tube à quatre dents régulières. Les quatre étamines sont insérées dans le fond de ce tube sur le réceptacle. Le style est capillaire (fin comme un cheveu); l'ovaire libre a de une à quatre loges; le fruit est une pyxide, sorte de capsule globuleuse qui s'ouvre en deux valves superposées.

T'ai-je expliqué que l'on appelait *ovaire libre* ou *supère* celui qui, placé sur le réceptacle au point de départ des étamines, n'avait aucune adhérence avec elles? L'ovaire

Ombelle composée.

est *infère* quand il est placé au-dessous de l'insertion visible des étamines.

Comme mon oncle tient à ce que nous examinions au moins une fleur de chaque classe, il nous a fait disséquer une ORCHIS, vulgairement *pentecôte*, quoique ce soit une plante inutile à notre point de vue. Les ORCHIS sont généralement de belles aristocrates qui ne se plaisent que dans les serres somptueuses, où leurs collections exotiques, car les plus belles sont étrangères, arrivent à des prix fabuleux; mais la gentille PENTECOTE est le type des ORCHIDÉES de notre pays et n'a d'autre prétention que celle d'orner nos bois. La famille des ORCHIDÉES est de la IV<sup>e</sup> classe MONOÉPGYNIE, étamines insérées sur l'ovaire, et de la division des MONOCOTYLEDONES (à un seul cotylédon). C'est une plante herbacée, vivace, dont les feuilles très allongées sont souvent marquées de taches brunes. Sa racine est un tubercule ovoïde; ses fleurs en épi sont d'un magnifique violet; le calyce a trois sépales voûtés en forme de casque. Leur corolle naît sur le limbe calycinal et est composée de trois pétales, dont un plus grand que les autres se prolonge en éperon. Le style porte les trois étamines, dont une seule persiste et possède une anthère à deux loges. Le stigmate est oblique et concave ; l'ovaire infère, quelquefois tordu, est à une seule loge et contient une multitude de petits ovules.

Il y a une orchis qui ressemble tout à fait à une abeille dont la tête serait cachée par de petits pétales roses : c'est l'OPHRYS MOUCHE. Tu dois te souvenir que nous en avons souvent cueilli sur une falaise qui domine Sainte-Adresse.

Parmi ces plantes, se trouvent les variétés les plus originales et les plus brillantes, qui n'ont même pas besoin de terre pour vivre. Plusieurs espèces exotiques croissent sur les arbres sans être parasites; leurs racines suspendues se nourrissent d'air; mais pour cela il leur faut le soleil des tropiques. En traitant la famille des ORCHIDÉES d'inutile, j'oubliais que la délicieuse *vanille* est une *orchis*. Il faut avouer que si elle n'est pas très utile, elle est très agréable.

Mais revenons au potager et entrons dans la famille brillante des PAPAVÉRACÉES, aux vertus somnifères. Ces plantes herbacées et annuelles sont de la XIII° classe, HY-POPÉTALIES, étamines insérées sur le réceptacle. Les feuilles velues et alternes du coquelicot, type de cette famille, sont amincies en pétioles et découpées de chaque côté comme les barbes d'une plume ; elles sont dites pour cela

Vanille.

*pennatifides*. Leurs découpures sont elles-mêmes finement dentées. La fleur en bouton très penchée se redresse en s'épanouissant ; son calyce, formé de deux sépales bombés, est caduc ; il tombe lorsque la fleur s'ouvre. Les quatre pétales sortent chiffonnés de leur calyce ; mais l'air efface rapidement leurs plis, et ils apparaissent bientôt d'un rouge éclatant ayant souvent une belle tache noire à leur onglet et entourant leurs nombreuses étamines, dont les anthères bilobées sont violettes et le pollen jaune. Leur énorme pistil de forme ovoïde est séparé du réceptacle par une sorte de support, et son sommet est recouvert d'une petite calotte festonnée sur ses bords et ayant des rayons veloutés brun rougeâtre, qui correspondent aux côtes longitudinales de l'ovaire. En coupant ce dernier, on voit que les côtes correspondent aussi avec ses cloisons intérieures, dont les parois sont chargées d'ovules. Les rayons veloutés de la calotte ou couvercle de l'ovaire ne sont donc autre chose que les stigmates qui conduisent le pollen dans l'ovaire. Quand cet ovaire mûrira, des trous s'ouvriront comme de petites lucarnes sous la calotte dans l'intervalle des cloisons et donneront issue à la graine. Le fruit du coquelicot est une capsule ovoïde, cela va sans dire.

Le pavot, dont le calyce fournit l'opium, et la graine l'huile d'œillette, est de la famille des PAPAVERACÉES.

Voici maintenant la douce MAUVE, fille de la famille honnête des MALVACÉES, XIII° classe, des HYPOPÉTALIES. Elle a des qualités émollientes qui la rendent l'une des plantes les plus utiles pour la médecine usuelle. On emploie ses fleurs en décoction, en infusion, en cataplasme, pour combattre les inflammations intérieures et extérieures, et sa racine est presque aussi efficace que celle de sa sœur la guimauve.

La famille des MALVACÉES fournit à l'ornementation de nos jardins des fleurs, des arbustes et des arbres, la plupart magnifiques ; il suffit de nommer les *mauves* si variées, les *roses trémières*, les *hibiscus ketmis*, les *althæas* ou *guimauves*, et parmi les arbres exotiques le COTONNIER, dont tout le monde connaît l'importance, et le CACAOTIER aux produits si appréciés sous le nom de chocolat.

Revenons à notre mauve. Ses feuilles arrondies et découpées ont leurs longs pétioles velus à l'envers et stipulés ; sa racine est composée de grosses fibres mucilagineuses ; son calice est formé de cinq sépales pointus, soudés à leur base, laquelle est garnie de très petites feuilles également soudées ensemble. Les cinq pétales échancrés et violets de la corolle en bouton sont tordus en spirale. Arrache le calyce d'une fleur épanouie ainsi que ses pétales, et tu verras sur le réceptacle un disque blanc autour duquel étaient insérés les pétales. Ce disque donne aussi naissance aux étamines, que tu vois sous l'aspect d'une sorte de gaîne très large à sa base et terminée par de petits filets blancs frisés, au milieu desquels s'élève un faisceau de poils violets qui retombe en gerbe vers les filets frisés. Ai-je besoin de t'apprendre que ces poils violets sont les stigmates, et les fils blancs les anthères des étamines soudées ensemble ? Les étamines soudées sont dites *monadelphes*, du grec *frères unis*. A présent enlève cette gaîne, dont la partie inférieure, soudée avec les pétales, recouvre les ovaires rangés en couronne autour d'un disque sur lequel repose un petit tourteau vert. C'est la base du pistil que tu aperçois avec son bouquet de stigmates violets. Les ovaires en nombre égal aux stigmates contiennent chacun un ovule. Le calice persiste quand les pétales sont tombés ; il recouvre les ovaires couronnés par un petit bouton vert, qui est ce qui reste du pistil.

Étamines monadelphes

Je m'aperçois que j'ai omis de compter au nombre des arbres de la famille des MALVACÉES les fameux BAOBABS, qui méritent pourtant une mention. Leur circonférence atteint souvent, dit-on, quatre-vingts à cent pieds, et leurs branches en retombant prennent racine et forment un immense dôme de verdure qui n'a pas moins de quatre à cinq cents pieds de circonférence à sa base! Quelle belle tonnelle! De plus, ces géants africains peuvent vivre quatre mille ans... peut-être plus!...

Voici l'aigre famille des POLYGONÉES, VI° classe, PÉRISTAMINIE, étamines insérées sur le calyce, groupe des fleurs APÉTALES. Ses trois principaux genres sont les genres RUMEX, RENOUÉE et RHUBARBE.

Dans le genre RUMEX, les fleurs, portées en verticilles lâches sur des tiges élevées, ont un calyce à trois sépales ou verticille extérieur, soudés à leur base. Les trois feuilles du verticille interne, que l'on peut regarder comme une corolle, sont rougeâtres et plus grandes que les sépales. Leurs six étamines en trois paires sont opposées aux sépales, et leur ovaire, quoique à trois angles, n'a qu'une seule loge. Trois styles filiformes avec leurs trois stigmates déchiquetés sont appliqués aux trois angles de l'ovaire.

C'est dans le genre RUMEX que nous trouvons l'espèce *rumex, oseille,* plante potagère excellente. Sa racine est fibreuse, rameuse, et ses feuilles veinées, glauques en dessous, quelquefois gaufrées et en fer de lance. C'est une plante DIOÏQUE. Les fleurs pistillées ont les trois feuilles de leur verticille interne arrondies en cœur, membraneuses et granulifères (portant la graine). Les fleurs staminées sont sur une autre plante.

Dans le genre RENOUÉE, nous trouvons le *sarrasin,* vulgairement *blé noir,* qui est en Bretagne la principale nourriture des paysans.

Quant au genre RHUBARBE, tu sais que c'est une plante

Rhubarbe.

médicinale, et, plus heureuse que moi, tu n'as pas été à même de l'apprécier comme friandise ! Nous connaissons des Américains qui trouvent l'horrible confiture confectionnée avec les côtes de cet abominable végétal un mets délicieux, et pensent faire une politesse à leurs infortunés convives en les forçant de manger cette affreuse confiture! Mon estomac se contracte rien qu'en y pensant! Aussi je me hâte d'aborder la famille des CHÉNOPODÉES, qui est aussi de la VI° classe. Elle nous offre tout d'abord la BETTE, qui, cultivée, devient la betterave, dont les grosses racines donnent du sucre et de l'alcool. Dès 1787, on avait découvert que la betterave contenait énormément de sucre; mais ce ne fut qu'au commencement de notre siècle et pendant les guerres du premier empire, alors que l'Angleterre bloquait nos ports de mer et empêchait les arrivages de cassonade de nos colonies, que des chimistes français, en particulier DELLISSE, s'ingénièrent à trouver les moyens de perfectionner l'extraction du sucre de la betterave; on peut dire qu'ils y réussirent !

La racine de la betterave, excellente pour l'engraissement des bestiaux, est aussi fort bonne pour nous autres humains qui la mangeons cuite et assaisonnée d'huile et de vinaigre. C'est une plante à beau feuillage gaufré d'un vert brillant, souvent avec de grosses nervures rouges. Elle est bisannuelle et ne fleurit conséquemment que la seconde année de sa germination; mais la récolte de ses grosses racines coniques a lieu la première année; et lorsque l'on veut avoir des porte-graines, on replante des racines au printemps suivant.

Les fleurs de bette sont disposées le long des rameaux en petits faisceaux. Leur calyce à cinq divisions est adhérent à la base de l'ovaire. Leurs étamines sont au nombre de cinq et les styles à celui de deux. La graine arrondie, échancrée à sa base, est entourée à cette même base par l'ovaire, qui simule une capsule à cinq côtes.

Les principaux genres de cette famille sont les genres BETTERAVE, ÉPINARD, ARROCHE OU BELLEDAME, etc., etc.

Ma prochaine lettre sera sans doute la dernière où je te parlerai de botanique, car les grands travaux de la campagne vont bientôt commencer, et nos petites études seront terminées pour cette année.

Mille amitiés, chère Louise, de ton affectionnée

THÉRÈSE D.

# LETTRE XVI

Clairefontaine, 12 juin 187...

Je ne suis pas étonnée, ma chère Louise, du plaisir que tu éprouves maintenant à examiner les fleurs quand tu te promènes ; car, ainsi que toi, j'ai toujours ma petite loupe dans ma poche, et lorsque j'aperçois une fleur dont le nom m'est inconnu, je l'étudie bien vite pour savoir à quelle famille elle appartient.

Reprenons notre causerie en disséquant la CAMPANULE. Cette jolie personne en tunique violette est de la famille des CAMPANULACÉES, IX$^e$ classe, PÉRICOROLLIE, corolle staminifère insérée sur le calyce. Ses longues feuilles vert foncé, lancéolées, alternes et dentées, velues sur leurs nervures, sont amincies en pétioles et disposées en larges touffes. Sa racine est charnue, et en la coupant il en sort, ainsi que des tiges, un suc laiteux abondant.

Ses fleurs en forme de cloche (*campana,* cloche) sont disposées en épi sur des rameaux partant d'une tige qui n'a pas moins de soixante centimètres. Son calyce monosépale, terminé par cinq divisions très pointues, a son tube marqué de côtes saillantes et velues ; entre chaque division descend une feuille renversée et recroquevillée qui vient rejoindre la tige et offre au milieu de sa gaufrure une rigole médiane très prononcée. La corolle de la campanule est monopétale et terminée par cinq lobes courts et pointus. Cinq nervures médianes règnent dans toute la hauteur de cette corolle. Détache-la avec précaution ; tu vois que les étamines ne l'ont pas suivie : ce qui est un fait exceptionnel à la loi générale, qui veut que les étamines naissent sur la corolle quand les pétales sont soudés. Ici elles naissent, au nombre de cinq, sur le haut du tube calycinal. Elles sont élargies à leur base inférieure en lames blanches luisantes qui se recourbent en voûte au-dessus de l'ovaire, et leur filet très-court porte une anthère longue et molle. Enlève ces étamines, tu verras alors un disque luisant et jaune, le *torus*, ou générateur des étamines, au centre duquel s'élève le style très long, blanc et uni dans la moitié de sa hauteur, puis hérissé de poils jusqu'aux stigmates qui le terminent et sont composés de cinq filaments pointus et recroquevillés en dehors. Ces cinq stigmates t'annoncent que le style de la campanule termine cinq carpelles. Coupe le tube du calyce par le milieu, tu vois cinq loges remplies d'ovules et qui répondent aux nervures médianes des sépales. Lorsque la corolle se flétrira, elle ne tombera pas, elle se desséchera, deviendra grise, et recouvrira le dessus du calyce jusqu'à

Fleur monopétale de la campanule.

la maturité des graines ; alors les côtes inférieures du calyce s'ouvriront et donneront passage aux graines nombreuses qui remplissent les loges.

Il y a une multitude d'espèces de campanules ; mais la plus belle est l'ancienne avec ses grandes fleurs violettes ou blanches ; elle est éminemment florifère.

Une petite campanule vient sur le bord des bois, c'est la raiponce, dont on mange en salade la petite racine pivotante.

Aristoloche.

Quelques lignes sur l'ARISTOLOCHE, type de la famille des ARISTOLOCHIÉES, qui est de la V° classe, ÉPISTAMINIE, étamines insérées sur l'ovaire. C'est une plante herbacée grimpante, à larges feuilles cordiformes vert-jaune. Ses fleurs sont assez laides ; elles se composent d'un long tube jaune brun en forme de pipe, qui n'est autre que la prolongation de son calyce. Ses étamines, au nombre de six, sont insérées sur l'ovaire et soudées par leur tête au style, qui est terminé par six lobes stigmatiques. Le fruit est une capsule à six loges. Tu as dû remarquer que le nombre des stigmates ou des sillons du style indique presque toujours le nombre de loges.

On ne cultive les aristoloches que pour leurs feuilles qui sont énormes. On dit qu'en Amérique les fleurs de certaines espèces sont assez grandes pour servir de chapeau contre les ardeurs du soleil. Mais nous ne nous sommes arrêtés un instant sur cette inutile que pour ne pas passer sans mot dire devant la V⁰ classe, où elle règne solitairement sur des espèces insignifiantes.

Maintenant, au tour des GRAMINÉES. Celles-là ne sont pas inutiles, et leur famille est, dit-on, composée de plus de trois mille espèces ! C'est une MONOCOTYLÉDONE de la II⁰ classe, ÉPHYGYNIE, étamines insérées sur le réceptacle. Nous

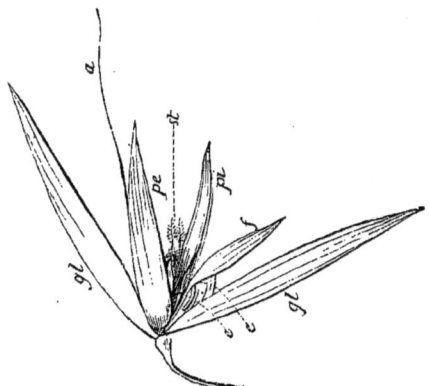

Fleur d'avoine grossie.

avons pris pour type l'Avoine, plante annuelle. Sa racine est formée d'un court rhizome garni de fibres radicales, produisant des tiges secondaires qui ont quelquefois le temps de végéter avant l'hiver. La tige principale est cannelée finement dans sa hauteur, et des nœuds placés de distance en distance donnent naissance à des feuilles longues, étroites, pointues et rudes au toucher ; elle se termine par une branche florale qu'enveloppe la dernière feuille de l'axe. Cette branche émet des rameaux qui se ramifient plusieurs fois avant de porter des fleurs. Prends un des pédoncules florifères, et enlève les deux bractées pointues emboîtées l'une sur l'autre : c'est ce que l'on nomme la *glume;* en dedans tu trouveras un petit épillet composé de trois fleurs; la fleur inférieure est la plus avancée; elle est presque complètement enveloppée par une bractée dont les nervures impaires sont hérissées de petites pointes. La nervure médiane se sépare vers le milieu de la bractée et forme une longue arête légèrement coudée qui tombe de bonne heure. Cette bractée en enveloppe une autre plus petite qui se replie en dedans pour abriter la fleur. Ces deux bractées, appelées *glumelles,* sont connues sous le nom vulgaire de *balles d'avoine.* Enlève-les avec précaution ; mais avant d'ôter la plus interne, remarque les deux petites écailles un peu soudées à leur base sur le réceptacle de la fleur; elles sont ciliées. C'est entre elles et la bractée interne que passent les trois filets des étamines; ces écailles ou *glumellules* manquent quelquefois. Les étamines posées sur le réceptacle sont très-fragiles, vu la finesse de leur filet et la grosseur relative de leurs anthères, qui sont à deux loges écartées l'une de l'autre, et tiennent à peine par le dos au filet, ce qui les rend vacillantes. Au milieu d'elles se voit un pistil couronné par deux stigmates allongés et plumeux. L'ovaire, velu vers sa partie supérieure, est marqué d'un sillon sur sa face interne. En ouvrant un pistil avancé, tu verras une seule graine adhérente avec l'ovaire, c'est ce que l'on désigne sous le nom de *caryopse.*

L'inflorescence de l'avoine, composée de petits épillets portés sur des grappes, est une panicule ; mais beaucoup de graminées, entre autres le FROMENT, n'ont que des épis

Cette famille, qui nous fournit l'AVOINE, le FROMENT, le SEIGLE, l'ORGE, le MAÏS, la CANNE A SUCRE, le RIZ, etc., constitue aussi le gazon de nos prairies, et plusieurs espèces végètent dans les marais.

Le MAÏS, vulgairement *blé de Turquie*, cultivé dans le midi de la France, est monoïque ; les fleurs staminées sont disposées en panicules terminales, et les fleurs pistillées ont leurs épillets rapprochés en épis latéraux.

Le genre RIZ, dont les Chinois se nourrissent presque exclusivement, est aussi cultivé dans le midi de la France. Il a des épillets uniflores en panicules, et la glumelle qui est à leur sommet est terminée par une arête.

Paturin des prés.

Le genre CANNE A SUCRE est originaire de l'Inde ; les anciens le nommaient MIEL DE ROSEAU et n'en employaient que le suc ; mais les Chinois connaissaient depuis deux mille ans l'art de le cristalliser. Ce fut à la fin du XIII⁰ siècle que des marchands importèrent la canne à sucre en Arabie, en Égypte, puis dans l'Asie Mineure et dans les États barbaresques. Enfin, en 1506, elle fut introduite à Saint-Domingue, où elle régna sans partage jusqu'à ce que la betterave vint lui faire une concurrence victorieuse

C'est dans la tige de la canne que réside la sève abondante qui fournit le sucre. On l'extrait des roseaux au moyen de presses ; on la fait réduire sur le feu jusqu'à ce qu'elle devienne un sirop épais qui, en se refroidissant, se cristallise et se transforme en cassonade, laquelle, à son tour, est raffinée et donne un sucre blanc et brillant.

Aujourd'hui en nous promenant nous sommes passés devant un beau champ de lin ; mais la saison étant en retard nous avons eu du mal à trouver quelques branches fleuries. Je t'envoie deux fleurs, car il me semble que ce n'est pas la culture de ton pays. Cette jolie et délicate fleur d'un bleu si tendre appartient à la XIII° classe, HYPOPÉTALIE, étamines insérées sur le réceptacle, et est de la famille des LINÉES, ses fleurs sont en corymbes ; leur calyce a cinq sépales, et leur corolle à cinq pétales dentelés. Leurs étamines sont au nombre de dix, dont cinq fertiles alternent avec cinq stériles ; l'ovaire, surmonté de cinq styles, est à cinq loges subdivisées en deux logettes, qui contiennent chacune une graine coriace et luisante. Ces graines fournissent l'huile si précieuse pour les arts, et la farine mucilagineuse si utile en médecine. Quant aux tiges, nous en causerons au moment de la récolte. Le feuillage d'un vert tendre est alterne.

Voici nos petites études terminées pour cette année. Au printemps prochain nous les reprendrons avec d'autant plus de plaisir que nous n'aurons pas à revenir sur les premières explications. Nous pourrons alors comprendre la botanique élémentaire d'Emm. Le Maout. Mais d'ici là continuons notre herbier en y ajoutant les fleurs que nous recueillerons dans nos promenades.

Demain mon oncle Léon doit nous faire une petite conférence sur les abeilles ; car il dit qu'il faut connaître, quand on le peut, les gens qu'on loge chez soi : n'a-t-il pas raison ?

Je t'écrirai ce qu'il nous aura appris ; en attendant je t'embrasse et suis toute à toi.

THÉRÈSE D.

## LETTRE XVII

Clairefontaine, 19 juin 187...

Mon Dieu, ma chère Louise, que ces abeilles sont donc intéressantes ! Moi qui m'éloignais toujours de leur panier, de crainte des piqûres, je suis tentée, à chaque instant, d'aller les examiner depuis que mon oncle nous a expliqué la constitution de leur monarchie, car c'est réellement une monarchie autoritaire, où la REINE est obéie sans murmure. Cette reine ne sort, peut-être, qu'une seule fois dans toute sa vie, qui est de trois à quatre années. Elle ne s'occupe qu'à pondre, et elle pond, dit-on, de soixante à cent mille œufs par an !

Après la reine viennent les bourdons ou mâles, qui sont chassés de la ruche dès que la ponte commence. Les autres abeilles sont des ouvrières, et c'est à elles qu'incombent le soin du couvain et le butinage du miel qu'elles récoltent dans les fleurs. C'est cette liqueur sucrée qui fait pénétrer le pollen dans l'ovaire. Les ouvrières n'ont donc que la peine de la recueillir dans leur estomac et de venir la dégorger dans les alvéoles, petites cellules de leur ruche. Elles vont aussi butiner le pollen des étamines, à l'aide des poils dont leur corps est garni, en se roulant au milieu de l'androcée des fleurs ; et lorsqu'elles en sont couvertes, elles ramassent, je devrais

  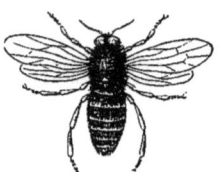

Reine.   Bourdon.   Ouvrière.

dire, elles balayent le pollen avec les petites brosses dont leurs jambes postérieures sont pourvues. Elles le pétrissent et en font une boule qu'elles transportent à la ruche, attachée à ces mêmes jambes postérieures. Le pollen mélangé au miel sert à la nourriture du couvain (petits vers sortis des œufs et qui deviendront des abeilles). Elles emmagasinent le miel à mesure qu'elles l'apportent dans les cellules des rayons qu'elles ont bâtis avec de la cire et de la propolis (cette dernière substance est récoltée sur des arbres résineux). Ces rayons, ainsi que le nom l'indique, sont des surfaces planes qui partent du haut de la ruche et sont composées de petites alvéoles ayant la forme d'un prisme hexagonal (à six côtés), Il y en a sur chaque face des rayons qui sont posés verticalement dans le

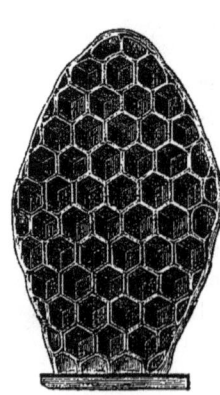

Rayon.

panier. Cependant il se trouve quelquefois, par exception, des rayons horizontaux et irréguliers. Les rayons sont au nombre de neuf ou dix environ. Leur couleur dans les premiers temps est blanche ; mais ils deviennent assez promptement jaune-soufre. Entre les rayons il y a l'espace nécessaire pour que deux abeilles puissent voyager sur les gâteaux opposés sans se gêner. Les alvéoles servent donc à recueillir, les unes le miel ou le pollen ; d'autres, la propolis ; et enfin les plus petites sur les rayons du centre sont les berceaux du couvain. Lorsque la REINE-MÈRE pond, elle est suivie par des ouvrières qui ferment de suite, avec un petit couvercle de cire, la cellule dès que l'œuf y a été déposé.

Tu me demanderas où elles prennent la cire ? Elles la font ! La cire est à proprement parler la graisse des abeilles. C'est le produit d'une sorte de digestion qui s'épanche dans leur sac abdominal, en sort sous la forme de petites aiguilles, et vient se placer entre les espèces d'anneaux écailleux qui sont sous leur ventre. Lorsque l'abeille veut construire, elle porte ces lamelles de cire, qui sont si légères qu'il en faut des centaines pour égaler un grain de blé ; elle les porte, dis-je, à ses mandibules, elle les pétrit et en fait une pâte qu'elle fixe au point où elle a résolu d'édifier un rayon. Exécute-t-elle un plan donné par l'une d'elles, *architecte en chef de la ruche?* C'est possible et même probable ; car elles se réunissent en grand nombre pour ce labeur, et des escouades de travailleuses ailées attendent pour remplacer celles qui bâtissent lorsque celles-ci seront fatiguées.

Ces bonnes citoyennes sont, paraît-il, pleines de sollicitude pour leur reine ; on dit qu'il y en a toujours deux qui la suivent, prêtes, lorsqu'un besoin impérieux s'empare d'elle, à nettoyer, manger, c'est le mot exact, ce que cette majesté peu soigneuse laisse échapper ! Tu vois que les ouvrières sont bonnes à tout, et qu'en définitive elles sont les plus méritantes de la ruche ; mais il paraît que si la reine venait à leur manquer, elles cesseraient leurs travaux et se laisseraient mourir, à moins toutefois qu'elles n'eussent le moyen de faire une autre reine, ce qu'elles exécutent très bien quand elles ont encore du couvain. Voici comment elles procèdent : elles réunissent plusieurs alvéoles en une et y nourrissent d'une manière particulière un ver qui n'a pas encore atteint sa dernière période de développement, car dans ce dernier cas il serait impropre à la royauté. Cinq ou six jours suffisent au ver pour prendre son accroissement princier, quand la saison est chaude. Les nourrices, voyant que le moment de la métamorphose est arrivé, s'empressent de fermer la cellule avec un couvercle de cire plus bombé que le couvercle percé par le ver à son éclosion de l'œuf.

Dans cette cellule, que le royal ver tapisse d'un réseau de soie, il change de peau, se transforme, et au bout d'environ deux jours de captivité il brise le couvercle et sort MAJESTÉ de la prison où il était entré VER !

Pour que le couvain accomplisse toutes ces transformations il faut de dix-neuf à vingt jours.

Revenons à notre reine. Dès qu'elle est investie de la royauté, elle se présente aux suffrages de ses sujets, elle est acclamée avec enthousiasme et entre de suite en fonction.

Les abeilles font quelquefois plus de huit kilomètres pour aller butiner sur les fleurs qui leur conviennent le mieux et qu'elles sentent parfaitement à une aussi grande distance. Des ouvrières toujours de garde à l'entrée de la ruche, des douanières, si tu le veux, visitent les abeilles qui reviennent des champs et les débarrassent de leur fardeau. Elles repoussent les étrangères qui tenteraient de s'introduire au logis. Si un danger menace la colonie, ces gardes vigilantes jettent un cri aigu pour appeler du secours, et toutes les ouvrières accourent.

Il paraît que la reine distribue les travaux de la communauté à ses sujets selon leurs aptitudes. Celles qui ne savent pas bien élaborer la cire vont à la picorée ; mais au moment de la grande production du miel, au printemps, toute la colonie, sauf les abeilles préposées à la garde du couvain et au service de la reine, part pour butiner aux champs.

Lorsque la population de la ruche s'est accrue outre mesure, ce qui arrive au moins deux fois par an, une émigration se décide (en conseil secret), et un beau jour une partie des abeilles, accompagnées d'une jeune reine, quitte la maison maternelle sans trop savoir où elles iront fixer leur demeure. Elles envoient des *maréchaux des logis ailés* à la découverte d'un bon emplacement. C'est alors que le maître du rucher s'ingénie pour empêcher cette colonie de vagabondes de s'éloigner de chez lui,

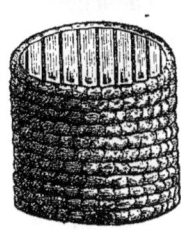

Ruche.

et tente par tous les moyens de les faire entrer dans des paniers qu'il a préparés à l'avance pour une nouvelle famille. Ce n'est pas toujours facile, et quelquefois des essaims rejoignent les bois. Cependant avec de la patience on arrive, en suivant l'essaim pas à pas, à trouver l'instant propice pour le faire tomber dans le panier; et une fois qu'il y est entré, moyennant quelques précautions, on parvient à l'y garder.

Maintenant, il s'agit de recueillir pour notre usage le miel confectionné par les industrieuses ouvrières. On attend, pour pratiquer cette opération, qui se fait deux fois par été, que les rayons soient bien garnis de miel. Ici on vient d'y procéder. Pour cela on a enfumé la ruche à l'aide d'une cassolette pleine de charbons, sur lesquels on a jeté de la bouse de vache sèche. Sa fumée projetée dans la ruche, les abeilles, se sentant incommodées, se sont réfugiées sur les rayons les plus élevés après s'être groupées autour de leur reine, et n'ont plus bougé. Alors on a pu couper et extraire les rayons que l'on voulait prendre, en continuant de temps en temps à lancer un peu de fumée dans la ruche. L'opération terminée, on a laissé les pauvres spoliées revenir de leur évanouissement. Que doivent-elles penser en voyant que l'on a, ainsi que le dit La Fontaine, « enlevé l'ambroisie en leurs chambres enclose? » Il paraît qu'elles sont philosophes; car elles se remettent de suite à réparer avec ardeur le désastre.

On a donc pris la majeure partie des rayons; et, après avoir brisé les couvercles des cellules, on les a fait égoutter sur un tamis de crin. Ce qui a coulé sera le miel de premier choix. Les rayons contenant du miel mêlé à du pollen ont été traités de même; ce sera le second choix. Alors on a réuni les rayons de premier choix à ceux du second; on les a brisés, bien égouttés, puis portés au four trois heures après la sortie du pain. Ils y ont fondu, et la cire qui les compose est montée à la surface du vase, d'où on l'a extraite après le refroidissement, et le miel qui était dessous, mêlé à celui qui a été égoutté pendant le bris des rayons, sera le miel de troisième choix.

La qualité du miel dépend tout à fait des fleurs sur lesquelles il a été butiné. Ici nous avons beaucoup de sainfoin, qui donne un miel excellent.

Quand on a ainsi volé les provisions de ces pauvres mouches, car tu as compris qu'on a fait la plus grande attention à ne prendre que les rayons *garde-manger* et à laisser ceux du milieu où sont les berceaux; quand, dis-je, on leur a enlevé leur provision, il faut les nourrir pendant l'hiver. On leur met du miel dans un plat, près de leur ruche; mais ce n'est pas du premier choix qu'on leur offre, crois-le bien!

Tu vas me dire que je ne t'ai signalé aucune piqûre pendant la récolte du miel; mais je te répondrai que les abeilles piquent rarement les gens de la maison près de laquelle elles demeurent. (Avoue qu'elles sont meilleures que nous!) Puis on prend des précautions: on se couvre la figure d'un voile pendant l'opération; et, enfin, si l'on est piqué, l'on n'en meurt pas; cela fait mal, je le sais par expérience; mais en lotionnant la piqûre avec un peu de phénol-Bobœuf étendu d'eau, la douleur disparaît promptement.

Voilà tout ce que mon oncle nous a dit sur ces précieuses mouches, qui devaient être mille fois plus précieuses encore quand on n'avait pas de sucre; mais il faut reconnaître que le sucre est bien préférable au miel.

Nous commencerons les foins après-demain. Je serai donc quelque temps sans t'écrire, car l'occupation va être grande pour tout le monde ici. Il fait beau, mais la chaleur est accablante.

Adieu donc, ma chère Louise. Je t'écrirai dès que nos foins seront terminés.

Thérèse D.

# LETTRE XVIII

Clairefontaine, 25 juin 187...

Au moment, ma chère Louise, où l'on allait commencer les foins, un violent orage est venu déranger le temps d'une manière désastreuse ; la pluie est torrentielle depuis six jours, et rien ne présage qu'elle doive bientôt cesser. Je vais te parler de nos champs et t'expliquer différentes choses que tu ignores certainement, comme je les ignorais moi-même l'année dernière.

D'abord, sais-tu ce que c'est que *les assolements d'une ferme ?* — Non, n'est-ce pas ? — Eh bien, c'est une succession de cultures qui reviennent dans le même terrain après un temps donné. Ainsi, nous avons eu, je suppose, cette année des fèves fumées et binées dans un champ ; l'année prochaine nous y sèmerons du blé avec du trèfle. Ce trèfle ne grandira pas avant la moisson ; mais il s'enracinera et sera plâtré à l'automne ; c'est-à-dire que l'on répandra par tout le champ du plâtre, qui est un puissant stimulant pour les prairies. Lorsque le trèfle sera récolté, on sèmera de l'a-

158  UNE ANNÉE A LA FERME

voine; cela fera un assolement de quatre années. Ces changements sont nécessaires, parce que chaque plante tirant du sol les substances qui lui sont propres, il serait bien vite épuisé si la même plante demandait plusieurs fois la même nourriture; et par la variété on utilise successivement les différentes substances fertilisantes contenues dans la terre pendant que les autres se reposent, ce qui, joint à l'emploi judicieux des engrais, constitue la bonne agriculture.

Nous avons de magnifiques champs de trèfle incarnat: cette plante ne se fait pas sécher comme l'autre trèfle, elle est mangée sur pied par les vaches que l'on y attache au pi-

Semoir de M. Pilter.

quet, de même que dans les champs de vesces et de sainfoin. La minette ou lupuline, espèce de luzerne à fleurs jaunes très petites, serrées en capitules, est consommée à l'étable par les moutons.

Nos champs de betteraves ont été semés en lignes, au semoir, dans les premiers jours de mai. Charles t'envoie

UNE ANNÉE A LA FERME 159

le dessin de cet instrument. Cela vaut mieux que toutes les explications. Tu devineras facilement que la trémie qui domine le semoir contient les graines; elles se rendent de là dans les godets, dont les tubes en pointe tracent les sillons où tombent les graines.

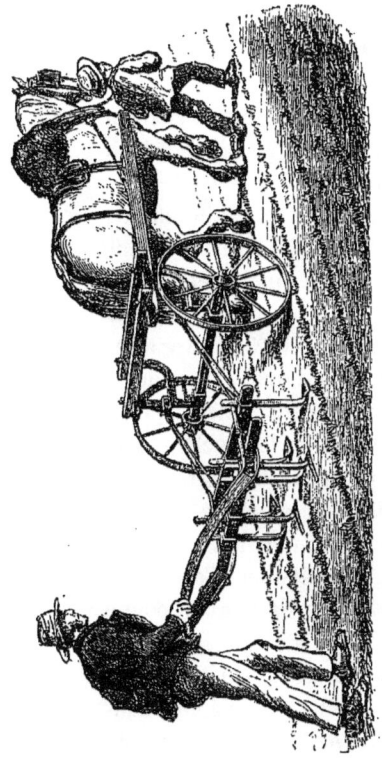

Houe à cheval de M. Pilter.

La betterave demande à être sarclée et binée fréquemment, c'est-à-dire que l'on arrache les mauvaises herbes et que l'on bêche au pied de la plante. Pour ce dernier travail, nous avons une houe à cheval, qui divise la terre mille fois mieux et plus vite que ne pourrait le faire un homme avec une bêche.

On appelle *culture nettoyante* la culture des betteraves, parce que les sarclages et les binages réitérés purgent la terre des mauvaises herbes. Les betteraves se récolteront à la fin de septembre.

La terre de Clairefontaine étant généralement riche et *meuble* (ce dernier mot exprime qu'elle se divise bien d'elle-même), nous avons beaucoup de *prairies artificielles* (on donne ce nom à la luzerne, au trèfle, au sainfoin), et peu de *prairies naturelles* ou herbages. La luzerne est une plante pivotante; elle réussit ici, car le fonds pierreux de nos champs étant recouvert de beaucoup de terre, cela permet au pivot de plonger profondément. Nous avons des luzernières de dix ans et qui iront encore quelques années. C'est un excellent fourrage qui donne quelquefois cinq coupes, mais le moins trois. On commencera le fauchage par les luzernes, car les fleurs sont formées, et c'est le moment où la plante possède toute sa vertu nutritive.

Puisque j'en ai le temps, je vais te donner la recette des conserves de cerises que j'ai faites avant-hier. J'ai mis de très-belles cerises de Montmorency, après en avoir coupé les queues à moitié, dans des bouteilles à large goulot que j'ai remplies aux trois quarts; puis j'ai versé par-dessus du sirop de sucre fait par moi. J'ai bouché et ficelé mes bouteilles; je les ai recouvertes chacune d'un petit sac de grosse toile, et je les ai placées dans un chaudron avec de l'eau froide jusqu'aux bouchons. Le chaudron posé sur un bon feu, j'ai laissé bouillir vingt-cinq minutes, puis je l'ai retiré du feu. Dès que l'eau a été refroidie, j'ai ôté mes bouteilles, je les ai cachetées et descendues à la cave où, couchées, elle se conserveront des années.

On peut faire, par le même procédé, des conserves de pêches, d'abricots, de prunes, de fraises, etc. Il faut avoir soin que les fruits ne soient pas très mûrs. Tu comprends, je pense, qu'on enveloppe les bouteilles, afin d'éviter qu'elles se cassent en se cognant.

J'ai pris cette recette dans un livre que mon oncle Léon m'a donné pour mes œufs de Pâques : LA *MAISON RUSTIQUE DES DAMES*, de M$^{me}$ *Millet-Robinet*. Tu ne saurais imaginer combien cet ouvrage est intéressant et que de recettes utiles il contient! C'est là que j'ai appris à faire le sirop de sucre. On fait fondre deux kilos de sucre cassé avec un kilo d'eau dans un poêlon en cuivre; on y ajoute un blanc d'œuf battu que l'on mélange avec le liquide; et quand ce blanc d'œuf, qui surnage, est cuit, on retire du feu le sirop; on le laisse reposer un instant; on l'écume soigneusement et on le passe à travers un linge. On le met en bouteilles quand il est refroidi. Si l'on veut faire du sirop de gomme, on met fondre sur un feu doux trois cents grammes de gomme arabique bien blanche dans un kilo d'eau ; on passe à travers un linge en tordant, et l'on se sert du liquide en place d'eau pour faire le sirop de sucre. Quand il est froid, on ajoute quelques cuillerées d'eau de fleurs d'oranger. Bien entendu, il ne faut jamais laisser rien refroidir dans les poêlons en cuivre.

Pour le sirop de guimauve, on fait bouillir dans la même quantité d'eau cent grammes de racine de guimauve au lieu de gomme.

Voici un procédé en usage ici pour confectionner les cerises à l'eau-de-vie, et que je trouve excellent :

On prend des cerises précoces, deux kilos, je suppose : on les écrase avec les doigts, on concasse les noyaux, on met bouillir doucement le tout dans une bassine avec un un kilo cinq cents grammes de sucre cassé. Quand le jus a acquis la consistance de sirop, on le verse dans un pot de faïence ; on y mêle deux litres d'eau-de-vie avec une gousse de vanille coupée en morceaux et l'on bouche le vase. Quand les cerises tardives sont mûres, on en emplit à moitié des bocaux et l'on verse le sirop passé préalablement dans un linge ; mais on remet les morceaux de vanille avec les cerises. On ferme le bocal avec un bouchon de liège. Ces cerises ne peuvent être comparées aux vulgaires *cerises à l'eau-de-vie*.

Je te quitte pour aller au salut ; car M. le curé fait une neuvaine pour obtenir la cessation de la pluie, et nul ici ne voudrait manquer la prière commune.

Mille amitiés.

Thérèse D.

# LETTRE XIX

Clairefontaine, 13 juillet 187...

Nous avons fait nos foins dans de très bonnes conditions. La neuvaine terminée, les vents ont tourné à l'est, et l'on a commencé de suite le fauchage des luzernes. La faucheuse (1) que tu vois, armée de lames triangulaires mues par un mouvement rapide de va-et-vient, abat des bandes d'environ un mètre de largeur. Ce qui est ainsi coupé prend le nom d'*andains*. Quand toute la luzerne d'un champ est abattue, des femmes deux par deux en prennent chacune une brassée et se mettent face-à-face, posent leurs brassées debout, les réunissent, les attachent avec un lien formé de quelques herbes longues et écartent les pieds de leur luzerne pour donner de la solidité et de l'air à la *moyette*. C'est ainsi qu'on nomme ce procédé pour faire sécher le fourrage sans le secouer, lequel procédé a l'avantage d'éviter les remaniements qui font tomber les fleurs et les

(1) Faucheuse Wood, chez M. Pilter, à Paris.

feuilles et brave les pluies qui gâtent tant de fourrages ; car l'eau coule le long des tiges et la dessiccation s'opère malgré la pluie.

Pour les foins naturels, les herbages, on n'agit pas de même ici, parce que nos prairies sont dans des terrains très accidentés et plantés de pommiers. Alors on fauche ; on étend les andains et on les fane ; c'est-à-dire qu'avec des fourches on les secoue vivement plusieurs fois en les élevant en l'air et on les laisse retomber. Puis on en fait de petits tas que l'on appelle *veillotes*. On les laisse un jour avant de les retourner. Quand il fait beau, cela va tout seul ; mais si la pluie vient à tomber, quel désastre ! Il faut défaire les veillotes mouillées, les faner, les remettre en veillotes et répéter souvent plusieurs fois ces remaniements, dont le résultat est d'enlever au foin son arôme et de faire tomber la graine. Lorsque enfin le foin est sec, on en fait des meules ou gros tas qui peuvent braver la pluie, et qu'on laisse à l'air jusqu'à ce qu'on fasse les bottes de foin, s'il est destiné à être vendu, ou qu'on l'entasse dans les granges, s'il doit être consommé à la ferme.

Bien que je t'aie dit que le sainfoin était mangé sur pied par nos vaches, nous en avons récolté trois champs de la même manière que la luzerne. Le sainfoin, qu'Olivier de Serres (1), illustre agronome du temps d'Henri IV, appelait « *une herbe très valeureuse* », est effectivement un fourrage des plus substantiels ; mais il devient facilement poudreux en se desséchant et sa plante ne dépasse pas trois années d'existence.

Tous nos foins sont terminés, ainsi que la première coupe des luzernes, qui est la plus importante. On n'en

(1) Auteur du *Théâtre d'Agriculture et Mesnage des champs*.

Faucheuse Wood, chez Pilter, à Paris.

fait ici que deux coupes, les autres sont mangées par nos vaches au piquet.

Je te dirai que mon oncle Étienne m'a menée au concours régional de Rouen, où un grand triomphe nous attendait. Une belle laie, mère de douze porcelets, que nous avons exposée avec ses jolis enfants roses et blancs, a obtenu une médaille d'or. Nous avons donc été à la distribution des prix.

Te rendre compte de tous les superbes bestiaux et des machines ingénieuses que j'y ai vus serait impossible. Mais j'ai rapporté une couveuse artificielle bien curieuse.

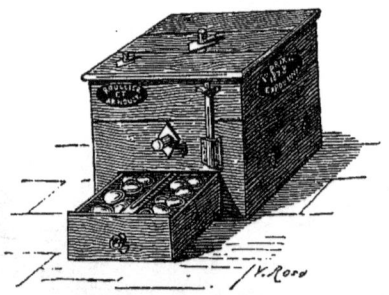

Couveuse artificielle.

Tu sais peut-être que les Égyptiens avaient des fours, où ils faisaient éclore des poulets; mais depuis la disparition de la civilisation égyptienne, le secret de cette opération était perdu. Notre *siècle de lumières* ne pouvait manquer de la retrouver! Le fait est qu'après plusieurs tentatives défectueuses, on est arrivé à avoir une couveuse irréprochable et toujours prête à *couver*, ce qui n'arrive pas souvent à *mesdames les poules;* car tu n'imagines pas la difficulté que l'on a pour obtenir des *poules couveuses*.

La couveuse artificielle, que nous avons rapportée de Rouen, a été inventée par M. Roullier, qui, venu à Gambais, près de Houdan (Seine-et-Oise), pour raison de santé et s'y ennuyant, acheta une couveuse mécanique pour faire éclore des poulets, et, la trouvant imparfaite, imagina d'en faire une lui-même. Ayant réussi, il se livra à la *confection des poulets*, qui sont le grand commerce de Houdan. Voici donc cette ingénieuse couveuse. La grande boîte contient intérieurement un récipient plein d'eau chaude, qui envoie sa chaleur dans les tiroirs pleins d'œufs ; les œufs sont retournés chaque jour deux fois à heure fixe. Les poules non seulement retournent leurs œufs, mais ont soin de mettre au bord chaque jour ceux qui étaient au centre, ce dont il est facile d'avoir la preuve en marquant les œufs. Il faut donc les imiter. La chaleur dans les tiroirs doit être constamment tenue à l'aide d'un thermomètre à quarante degrés. Le robinet du récipient à eau chaude, que tu vois à la partie inférieure de la boîte, sert à retirer deux fois par jour à *heure fixe* une quantité d'eau qui varie selon la grandeur de l'appareil, et qui est de suite remplacée par la même quantité d'eau bouillante que l'on entonne par le goulot situé au sommet de la boîte. Au bout de vingt et un jours, si l'opération a été conduite avec régularité, les petits éclosent. Alors on a une boîte dite *boîte d'élevage*, où la chaleur est maintenue au degré voulu à l'aide de l'eau chaude et dont les parois sont garnies de plumes sous lesquelles les poussins croient retrouver l'aide maternelle. Ils sont confinés quelques jours dans cette chambre munie d'un promenoir aéré où ils vont manger, et ils retournent bien vite dans leur chauffoir dès qu'ils sont repus.

C'est un spectacle aussi curieux qu'amusant de voir ces

gentils poussins, à peine sortis de la coquille, accourir picorer les mies de pain et le jaune d'œuf qu'on leur a préparés ; mais c'est un amusement qui s'est transformé pour l'inventeur en un commerce des plus considérables et des plus lucratifs. C'est par milliers que M. Roullier fait éclore les poulets qu'il vend à l'âge d'un mois 1 franc, sans compter les quantités de couveuses qu'il expédie en France et à l'étranger.

Boîte d'élevage.

L'appareil que mon oncle a acheté contient cent œufs. J'y ai mis cinquante œufs de poule et cinquante œufs de canes ; ce sera dans dix-neuf jours que mes poussins écloront, et mes canetons dix jours après, car l'incubation de ces derniers est de trente à trente et un jours et celle des poulets de vingt à vingt et un. Je te communiquerai le résultat de mon expérience.

Je ne sais si je t'ai dit que la première communion devait avoir lieu la semaine prochaine. On la fait ici entre les foins et la moisson. Il y aura cinq petites filles et trois garçons. Le dimanche qui suivra la première communion, ils iront à Montivilliers recevoir la confirmation.

La retraite commence demain. Je la suivrai, cela va sans dire; notre Manette a sa fille et son fils parmi les communiants. Tu joindras tes prières aux nôtres en demandant à la sainte Vierge sa protection pour ces pauvres enfants, afin qu'ils comprennent la grandeur de l'action qu'ils vont faire.

Adieu, chère amie. Mille amitiés.

THÉRÈSE D.

# LETTRE XX

Clairefontaine, 30 juillet 187...

Notre première communion a eu lieu jeudi dernier et, hier dimanche, le sacrement de confirmation a été administré aux enfants de Montivilliers.

J'ai été vraiment édifiée, je t'assure, devant le recueillement de nos communiants !

Pendant la retraite prêchée par M. le curé d'Harfleur, les exercices ont été suivis avec une piété touchante et une parfaite régularité. Les parents assistaient tous, le soir, aux instructions.

Avec quel attendrissement j'ai vu arriver, jeudi matin, ces pieux enfants à l'église ! Les petites filles, conduites par les bonnes sœurs, toutes fières de leur cher petit troupeau, et les garçons avec leur vénérable instituteur, qui depuis quarante ans les instruit et met tout son orgueil à en faire de bons chrétiens.

Afin d'éviter entre les enfants les petites rivalités de toilette, qui à la campagne sont aussi vivaces qu'à la ville, pour ne pas dire plus, M. le curé, en arrivant ici (il y a dix-neuf ans) a fait un règlement que nul n'a jamais eu la pensée d'enfreindre. Les filles doivent toutes avoir des robes en calicot blanc, des voiles de mousseline et des bonnets ruchés exactement pareils. Les gens aisés de la paroisse se réunissent pour acheter une pièce de calicot, mousseline, bonnets, etc., et l'on confectionne le tout sans que les pauvres dépensent un sou. Les robes, auxquelles on a soin de mettre un large ourlet et un pli, servent, ainsi que les voiles, aux filles lorsqu'elles entrent dans la confrérie de la sainte Vierge.

Quant aux garçons, ils ont un pantalon blanc, une veste gros bleu et un brassard blanc.

Les cierges sont tous de la même grosseur.

Tu vois donc, en imagination, notre petite troupe de communiants et de renouvelants, allant avec modestie à la sainte table, suivis des parents et amis, pour prendre part au banquet divin!

Un père, je ne dis pas une mère, ça ne s'est jamais vu, mais un père qui n'accompagnerait pas son enfant dans cette occasion solennelle, serait montré au doigt. En 1869, un homme d'ici a manqué à ce devoir sacré. Il trouvait, disait-il, que c'était *l'affaire des femmes, et non d'un citoyen libre et sérieux.* Ce malheureux avait travaillé quelque temps à Bolbec dans une fabrique, et s'était perverti par la lecture des mauvais journaux. Il a fini par quitter Rouelles, en voyant ses principes très mal accueillis par notre bonne et sensée population rurale. Il est allé demeurer à Paris, avec sa femme et ses filles, afin d'arriver à une fortune à laquelle son mérite lui donnait droit, croyait-il, et depuis on n'en a plus entendu parler, malgré les démarches faites par mon oncle, après les événements de 71. On pense ici qu'il aura été tué pendant la Commune, dont, sans nul doute, il aura embrassé la cause. Le fait est que ses parents et ceux de sa femme n'ont jamais reçu de nouvelles de l'un ni de l'autre, ce qui prouve surabondamment qu'ils n'ont pas prospéré.

Je reviens à notre touchante cérémonie. Nos chantres, accompagnés par Charles, ont chanté avec un ensemble parfait un « O SALUTARIS, » de *Mozart*, et après la communion, l'admirable cantique de *Gounod*, « LE CIEL A VISITÉ LA TERRE. » Tout le monde pleurait.

L'après-midi, l'acte du renouvellement des vœux du baptême a été récité par un garçon et une fille. Cette dernière était l'une des enfants de Manette. Pense quelle joie pour une mère! car cette faveur est due non seulement aux enfants les plus instruits, mais surtout à ceux dont la conduite ne laisse rien à désirer.

Le lendemain, après la messe d'action de grâces, on a donné les prix de catéchisme, et la même petite fille a eu le prix d'excellence! J'ai cru que Manette en étoufferait de bonheur! Elle ne pouvait arrêter ses larmes! Mais c'est qu'aussi cette distinction accompagne ceux qui en sont l'objet toute leur vie. J'ai entendu des enfants dire de leur grand'mère : « Ah! grand'mère est une savante ; elle a eu autrefois le prix d'excellence au catéchisme ! »

Ce prix consiste en une Imitation de Jésus-Christ et une belle médaille de l'Immaculée-Conception que l'on porte avec un ruban bleu dès que l'on est de la confrérie de la sainte Vierge. Les garçons ont un Paroissien noté en plainchant et une belle médaille du Saint-Sacrement, qu'ils portent avec un ruban rouge quand ils font partie de la confrérie du Saint-Sacrement.

Coco.

Les lauréats des prix d'excellence sont de droit congréganistes des deux confréries, et les autres font un noviciat de deux ans.

Hier, nous sommes tous partis pour Montivilliers, les filles avec les bonnes sœurs, ma mère et moi, dans le grand char-à-bancs de mon oncle, conduit par moi... Oui, ma chère, je sais conduire ! à la condition toutefois que le cheval soit pacifique comme le bon doux coco.

Les garçons ont fait route à pied avec M. le curé et leur bon vieux instituteur.

Après un assez court trajet, nous sommes arrivés dans la jolie vallée de Montivilliers. Cette petite ville s'appelait au moyen âge *Moustier-veillier-sur-Lezarde,* et avait pour armoiries *un moustier d'argent couché de face. Sur le portail était une croix; sur l'abside une fleur de lys et un clocher surmonté d'une crosse; sous le moustier un lezard couché à plat,* emblême de la rivière la Lezarde, qui arrose la belle et riche prairie où la ville est bâtie. La magnifique église, l'un des plus beaux monuments romans du pays de Caux, est le seul reste de la royale abbaye de Bénédictines fondée au VII<sup>e</sup> siècle par saint Philibert, abbé de Jamièges.

L'abbesse, presque toujours de sang royal, portait la crosse et l'anneau pastoral; elle avait droit de haute et basse justice sur toutes les paroisses environnantes, qui formaient sa juridiction. Elle nommait aux emplois civils et religieux, et avait la garde des clefs et des enseignes de la ville.

C'était, tu le vois, une puissance formidable que MADAME L'ABBESSE. Tout cela a été détruit par le temps; toutefois, il en est resté un proverbe encore en usage ici. On dit, pour désigner un mari qui baisse pavillon devant la volonté de sa femme: « *Il est de Montivilliers, il relève de* MADAME. »

Notre-Dame, l'église de l'abbaye, édifiée au XIe siècle, est couronnée de deux tours romanes, dont l'une se termine par un élégant clocher construit au XIIIe siècle; son portail est orné d'une belle fenêtre du XIVe siècle. — D'où te vient tant de science archéologique? vas-tu dire. — J'ai puisé ces détails, ma chère amie, dans une ouvrage fort intéressant, prêté par mon oncle Léon : *les Églises de l'arrondissement du Havre,* par *l'abbé Cochet,* savant archéologue mort il y a quelques années.

On voit dans Notre-Dame un très joli escalier en vignot conduisant à l'orgue, et dont la tribune, entourée d'une balustrade de feuilles de fougère, servait autrefois aux malades de l'hospice de l'abbaye qui venaient assister à la messe. Cette tribune communiquant avec les bâtiments intérieurs de l'abbaye.

On a ajouté à Notre-Dame, au XVIe siècle, sous le vocable de Saint-Sauveur, un bas-côté pour servir de paroisse Maintenant les deux églises n'en font plus qu'une.

Le porche latéral de Saint-Sauveur est remarquable; ses voûtes sont chargées de feuillages de vigne entremêlé d'animaux. Huit niches renferment des statues de saints malheureusement mutilées pendant les guerres de religion qui ensanglantèrent notre belle province au XVIe siècle.

La porte en bois de ce porche est toute sculptée de vignes avec échalas et d'une quantité d'oiseaux ressemblant à des pigeons picorant les raisins. C'est une allusion à la légende normande que voici :

A la fin du XVIe siècle, la vigne étant cultivée, disent les chroniques, en Normandie, un fléau s'abattit sur les vignes et les vergers; d'innombrables volées d'oiseaux appelés *dadins*, et ressemblant à des ramiers, vinrent ravager les vignes, qui toutes périrent. Le peuple, au désespoir, se précipita dans les églises, fit des pèlerinages, des processions, et le fléau cessa. Des bataillons de dadins, poussés par la main de Dieu, s'envolèrent vers l'Océan et s'échouè-

Abbaye de Montivilliers.

rent sur les bancs de *Terre-Neuve*. Tous les marins qui ont été à la pêche sur le *grand banc* racontent que les dadins descendants de ceux du XVIe siècle se voient là par milliers. C'est sans doute par un sentiment de reconnaissance que nos pères suspendirent, non seulement aux portails de leurs églises, mais surtout aux retables des autels, des vignes chargées de raisins. Le fait est que cet ornement est particulier aux églises du pays de Caux.

Mais rejoignons la procession, qui est allée de l'église au-devant de Son Éminence le cardinal-archevêque de Rouen, et entrons dans l'abbaye.

C'est ainsi que l'on désigne ici la double église de Notre-Dame et de Saint-Sauveur. Là, après un très remarquable discours, Son Éminence a conféré le sacrement de la confirmation, et, le salut terminé, on a reconduit le prélat au presbytère.

Toutes les populations à quatre lieues à la ronde s'étaient empressées de venir recevoir la bénédiction de leur archevêque, qui est vénéré dans son diocèse.

Nous sommes revenus à Rouelles dans la soirée. Un souper attendait les enfants à la ferme, puis chacun a regagné son logis pour se coucher. J'en vais faire autant, car il est bien tard.

Ton affectionnée,

Thérèse D.

## LETTRE XXI

Clairefontaine, 11 août 187...

Mes petits poulets sont éclos, ma chère Louise ! Rien n'est plus extraordinaire ! Figure-toi qu'on les entend pépier avant même que la coquille soit cassée ; puis on voit un tout petit trou se former, un bec apparaître, bientôt la tête suit le bec et, se démenant, le poussin sort tout à fait de sa coquille. On l'aide quelquefois, mais il faut une extrême délicatesse ; car si, lorsque la coquille adhère à son petit corps, on le faisait saigner, il mourrait instantanément. On a soin, pendant qu'on regarde l'éclosion, de poser un morceau de vitre sur le tiroir, afin que l'air du dehors ne dessèche pas la coquille, ce qui pourrait empêcher le poussin d'en sortir. Tu ne saurais imaginer comme ils sont mignons ! A peine sortis de leur coquille, ils courent. Pauvres petits ! ils ont l'air de chercher leur mère. Je les ai mis bien vite dans leur chauffoir, où j'avais préparé du pain avec du jaune d'œuf émietté finement et de l'eau dans une soucoupe. Ils ont de suite becqueté le pain et l'œuf, et sont allés tremper leurs petits becs dans l'eau ; puis ils sont revenus se blottir sous les plumes chaudes... On ne peut rien voir de plus intéressant.

Sur mes cinquante œufs, j'ai eu quarante-cinq poussins, ce qui est un excellent résultat. Il m'eût fallu cinq poules pour couver cette quantité d'œufs, et on compte ordinairement deux ou trois œufs qui manquent dans chaque couvée.

Mes canards n'écloront que dans huit jours ; mais pour eux le chauffoir est inutile, car les canes ne réunissent pas souvent leurs petits sous leurs ailes ; les jeunes amphibies vont de suite à l'air et mangent sans que leur mère leur enseigne ce qu'il faut prendre : aussi leur éducation est-elle mille fois plus facile que celle des poussins. Toutefois il faut faire une grande attention à ce qu'ils ne soient pas mouillés avant que les plumes aient remplacé le duvet ; car une averse tuerait ceux qui sont destinés à vivre dans l'eau. On leur donne pour première nourriture du vermicelle cuit dans l'eau, cela leur plaît énormément ; ils sont, je crois, séduits par la ressemblance du vermicelle avec les vers qui constituent leur nourriture en état de nature.

Avant-hier, j'ai fait de la gelée de groseille. Puisque tu réclames toutes mes recettes, je vais te transcrire mon procédé : J'égrène mes *gades* (pardon ! mes groseilles), je les pèse et les mets crever dans la bassine sur un feu doux, avec quelques framboises (un cinquième environ). Lorsqu'elles ont jeté quelques bouillons, je les passe au tamis, puis je les remets sur le feu avec le sucre pilé grossièrement, et dès qu'il est bien fondue, a jeté quelques bouillons, je mets en pots. Il faut une livre de sucre par livre de jus de groseille ; la gelée prend immédiatement et a un goût excellent.

J'ai fait en même temps du sirop de groseilles par le même procédé (qui est tiré de la *Maison rustique des dames*); seulement je mets un kilo de sucre par livre de groseilles. Je remue jusqu'à ce qu'il soit tout à fait froid, afin d'empêcher la coagulation, et je le mets en bouteilles. Nous faisons une grande quantité de confitures et de sirop, car mon oncle est le pourvoyeur des malades.

Dans nos pays, on estime beaucoup le cassis, auquel on prête mille vertus. On en fait la gelée exactement de même que celle de groseilles. On prétend que c'est très stomachique; mais moi, je trouve que c'est mauvais. Ce qui, à mon avis, est fort bon, c'est le ratafia de cassis. Il est on ne peut plus facile à faire. On égrène dans une cruche de grès six livres de fruits. On verse dessus six litres d'eau-de-vie; on ajoute une poignée de jeunes pousses de feuilles de cassis, et on laisse macérer trois semaines; après quoi on passe au filtre de papier, on sucre, selon que l'on aime plus ou moins doux, et l'on met en bouteilles. On fait un excellent ratafia en remplaçant le cassis par des guignes sauvages, ou merises : il faut laisser les fruits macérer avec leurs noyaux deux mois. Cela s'appelle du *guignolet*. Plus les ratafias vieillissent, meilleurs ils deviennent.

Nous avons récolté le joli champ azuré où j'ai cueilli les fleurs de lin que je t'ai envoyées. Mais avant de t'entretenir de la récolte, je dois revenir en arrière pour t'expliquer les travaux préparatoires de la semaille.

D'abord le lin est une plante qui épuise la terre et ne doit revenir dans la même sole (partie de l'assolement) que tous les quinze ou seize ans. Il y a même des contrées, notamment dans le Nord, où l'on dit qu'un bon cultivateur ne doit pas semer du lin deux fois dans sa vie à la même place. Il paraît que cela est nécessaire pour que la filasse soit de fine qualité.

La terre qui reçoit le lin doit être parfaitement ameublie et dans une situation abritée. Je prends pour exemple notre champ. Il est dans la vallée dont la terre est *sablo-argileuse*. Je n'ai pas besoin, ce me semble, de t'expliquer ce terme, qui se comprend de lui-même. L'année passée on y a récolté du trèfle ; puis on l'a profondément labouré. Au bout de quelques semaines un nouveau labour et un bon coup de herse ont enlevé les mauvaises herbes qui

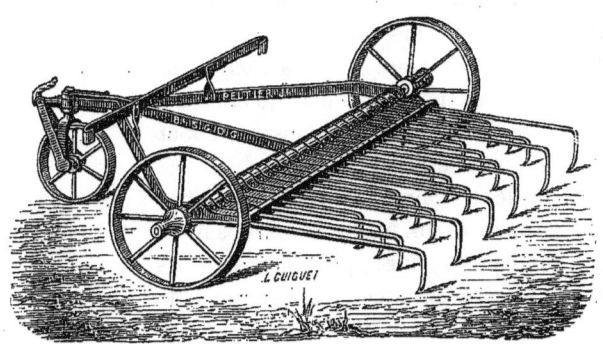

Herse-clavier de Peltier.

avaient germé. Alors on a copieusement fumé, le lin étant gourmand d'engrais et difficile sur leur qualité. On a répandu d'excellent fumier de ferme bien consommé, à raison de soixante mille kilos par hectare, qu'un nouveau labour à la bêche (au louchet, comme nous disons ici) a enterré à vingt centimètres de profondeur. Tout cela a été terminé en octobre dernier. Au printemps, après avoir arrosé de purin (jus de fumier), on a donné un coup de herse et l'on a semé les graines en lignes. Quand le lin a eu de trois à cinq centimètres de hauteur, on a commencé les sarclages. Pour cela des femmes sont entrées dans le champ sans souliers ni sabots, et s'agenouillant à contre-vent, pour que les tiges qui se couchent aient moins de peine à se relever, elles ont sarclé rapidement. Cette opération s'est renouvelée jusqu'à trois fois. Dans le courant de juillet les fleurs se montrent et la récolte doit se faire ; mais cette année, à cause des pluies du printemps, le lin a été semé plus tard qu'à l'ordinaire, et les fleurs n'ont commencé à s'épanouir que ces jours derniers.

La récolte est faite par des femmes ; elles arrachent le lin à la main et en forment de petits paquets qu'elles attachent avec un brin d'herbe et qu'elles déposent debout trois par trois, les têtes réunies et les pieds écartés.

Ici je vais anticiper sur les travaux qui suivent la récolte. Lorsque ces paquets seront secs, on battra leur tête sur un billot pour en faire tomber les fleurs ; puis on mettra les tiges dans un lieu sec et aéré en attendant le moment de les porter au routoir (lieu où l'on rouit). Si l'on a semé le lin en vue de la graine, on attend pour l'arracher la maturité complète des capsules. Mais dans ce cas la filasse perd énormément de qualité comme finesse.

Maintenant arrive le *rouissage*, opération qui dissout l'espèce de gomme qui colle ensemble la filasse et la chènevotte (partie centrale et ligneuse). Pour cela, on met les paquets de lin dans de grandes caisses trouées que l'on installe dans un réservoir organisé au bas du ruisseau qui traverse la ferme. Au bout de huit jours on sort la caisse de l'eau, on défait les bottes de lin et on les met sécher. Quand il est tout à fait sec on refait tous les paquets, on les rentre à la ferme. Dès que les grands travaux de moisson seront terminés on passera le lin au four ; puis on le battra sur une aire (surface unie et dure où l'on bat le blé) pour séparer la filasse de la chènevotte ; on peignera avec une sorte de peigne posé debout sur un établi la filasse, dont une partie sera vendue, et l'autre gardée pour être filée aux veillées par nos anciennes domestiques, car les jeunes filles n'entendent plus rien à ce travail.

L'eau qui a servi au rouissage est très bonne à étendre sur les prés, mais elle serait mortelle pour les animaux ; c'est pourquoi on surveille avec soin le réservoir qui sert au lin, et l'eau en est renouvelée plusieurs fois pendant l'opération.

Quand on veut récolter la graine du lin, on le laisse, ainsi que je te l'ai dit plus haut, complètement mûrir ; et quand il est arraché et sec, on le frappe avec une batte pour recueillir les graines autant que possible avec les capsules qui les contiennent et sont utiles à leur conservation ; puis l'on procède au rouissage.

Nous avons ici des cultivateurs qui remplacent les opérations que je viens de te décrire par un séjour prolongé sur le pré, laissant à la pluie et à la rosée des nuits le soin de rouir le lin ; cette méthode est inférieure à la première.

Dans le pays de Caux nous ne faisons pas de chanvre, mais je sais qu'à peu de différence près il se récolte comme le lin. Lors de notre voyage au Mans, il y a trois ans, j'ai vu rouir des quantités de chanvre dans la Sarthe ; par parenthèse, c'était une infection.

Le chanvre est plus ligneux que le lin ; et pourtant les fibres de ses tiges se désagrègent plus rapidement que celles du lin.

Tu te rappelles que le chanvre est une plante dioïque. Aussi on l'arrache en deux fois, parce que les fleurs staminées sont mûres quinze ou vingt jours avant les fleurs pistillées.

Nous entrons en moisson demain ; je te quitte donc pour me coucher bien vite ; car tout le monde sera sur pied de bonne heure ; et quoique je ne doive pas aller au champ à trois heures du matin avec les moissonneurs, cependant je veux être levée plus tôt que de coutume,

Reçois le bonsoir de ton affectionnée,

Thérèse D.

## LETTRE XXII

Clairefontaine, 20 août 187...

Voilà, ma chère Louise, notre moisson terminée : seigle, avoine, orge, blé, tout est coupé. Je ne te parlerai que du blé, puisque toutes les céréales se récoltent de la même manière.

Nous avons une moissonneuse, qui, de même que les faucheuses pour les foins, coupe les blés avec une extrême célérité ; le dessin a quelque analogie avec celui de la faucheuse ; mais les râteaux que tu vois en l'air rabattent les tiges sur le tablier, les couchent en javelles et exécutent un mouvement qui les redresse derrière le charretier, d'où ils retombent horizontalement, ainsi que je viens de le dire.

Le blé couché en javelles est ramassé immédiatement par des femmes et mis en gerbes par des hommes avec un lien de paille préparé à l'avance ; puis on réunit neuf gerbes que l'on dresse en rond en les écartant du pied pour qu'elles se tiennent debout, et avec la dixième, qui est liée près du pied, on forme une sorte de coiffe qu'on pose sur les épis des neuf gerbes. Mais cette année Charles avait fait confectionner aux domestiques, pendant l'hiver, des chaperons de paille assez semblables à ceux avec lesquels on couvre les ruches, ce qui est mille fois préférable

Moyettes.

à la gerbe en chapeau, car aucun épi ne reçoit plus de pluie.

Autrefois, et même cela a lieu encore chez beaucoup de routiniers, on réunissait dix gerbes l'une sur l'autre, on appelait cela un *dizeau* ; et s'il survenait des pluies continues, le blé mouillé germait et pourrissait. Avec les moyettes, cet inconvénient est écarté, et de plus on peut couper le blé avant qu'il soit complètement mûr, car il achève de mûrir en moyette ; cela évite la perte énorme causée par l'égrenage du blé coupé en pleine maturité.

Moissonneuse de M. Rigault.

Il paraît que cette méthode, traitée de nouveauté avec mépris par bon nombre de cultivateurs, n'est rien moins que nouvelle, et qu'en 1771, un écrivain agricole d'un grand mérite DUCAME DE BLANGI, l'avait décrite dans son ouvrage intitulé : *Méthode de recueillir les grains dans les années pluvieuses et de les empêcher de germer*. Mais tu sais qu'à la campagne on déteste les innovations, ce qui n'est pas toujours un mal, car l'esprit de nouveauté amène rarement les améliorations qu'il promet.

Pour les moyettes, il est évident qu'elles sont mille fois préférables aux dizeaux. Donc, nos moyettes faites, on les laisse jusqu'au moment où, la récolte étant finie, on viendra les mettre en meules au milieu des champs ; car les granges ne pourraient jamais contenir l'immense quantité de blé qui se récolte dans une grande ferme. Tu as vu de ces meules ; la plupart sont rondes, quelques-unes de forme allongée. On bat le sol à l'endroit où l'on veut en édifier une, et l'on y met un lit de fagots ; il y a même des pays où l'on bâtit une aire en maçonnerie, mais chez nous on se contente de fagots et quelquefois de rien du tout. On pose les gerbes, les épis en dedans, régulièrement et le plus serré possible, pour former un rond qui a environ six mètres de diamètre, on continue de mettre des gerbes l'une sur l'autre de la même manière ; et quand on est arrivé à une hauteur d'à peu près dix mètres, on couvre la meule d'un toit de chaume, et elle peut braver toutes les intempéries des saisons. Sans doute le peuple souriquois y trouve *le vivre et le couvert ;* mais dans les granges on n'est pas plus que dans les champs à l'abri des rongeurs ; et d'ailleurs, ne faut-il pas que tout le monde vive ?

Une belle meule contient environ quatre mille gerbes.

La moisson est un rude moment à passer pour le paysan. On se lève à trois heures du matin, et, sauf quelques instants de sommeil au milieu du jour, quand la chaleur est intolérable, et les heures des repas, on travaille jusqu'à neuf heures du soir courbé sur une terre brûlante ! Souvent les pauvres moissonneurs absorbent outre mesure uue mauvaise boisson et contractent des maladies. Mais ici mon oncle nourrit ses ouvriers et a le plus grand soin d'eux. D'abord, nous avons d'excellent cidre ; et outre cela, pendant les grandes chaleurs on donne aux moissonneurs du café froid. Cette boisson hygiénique se fait ainsi : on met bouillir doucement pendant une heure du café moulu très fin ; puis quand il est retiré du feu et reposé, on le décante et on le sucre légèremeut. Les proportions sont de cent grammes de café par trois litres d'eau, environ cent grammes de sucre et deux cuillerées d'eau-de-vie. On ne donne ce breuvage qu'entre les repas aux champs. Les travailleurs s'en trouvent fort bien, car le café est un tonique qui prévient la transpiration provoquée par les autres liquides.

Je joins au dessin de notre moissonneuse celui d'une moissonneuse gauloise d'il y a 2,000 ans, que nous devons à l'obligeance de M. Pilter (1). Le bœuf, comme tu le vois pousse devant lui un grossier charriot à deux roues terminé par une sorte de peigne qui arrache les épis ; et l'homme au bonnet phrygien, à l'aide d'un petit rateau, les fait tomber dans le coffre. C'était, d'après Pline (2), la manière de moissonner lorsque la paille ne servait que de litière.

(1) *Traité des machines à moissonner depuis les temps les plus reculés jusqu'à nos jours*. Th. Pilter.
(2) *Histoire naturelle* de Pline, livre XVIII, 72.

Dans les contrées où l'on couvrait les maisons en chaume on arrachait le blé à la main ou on le sciait avec une

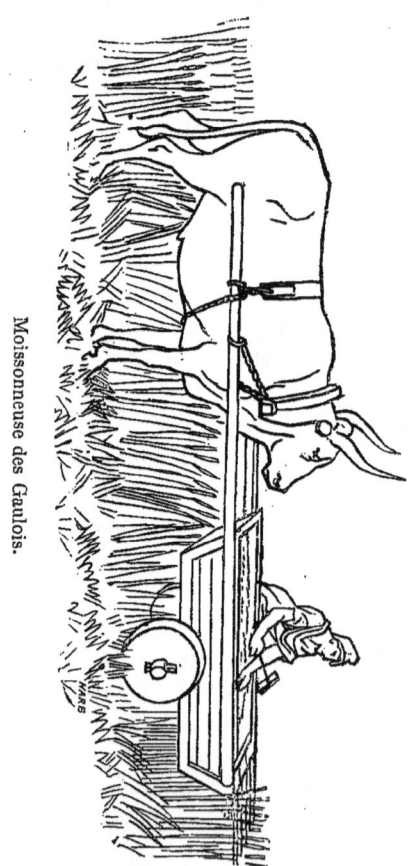

Moissonneuse des Gaulois.

faucille. Que de chemin nous avons parcouru avant d'arriver à nos machines actuelles ! Il y en a même qui lient la gerbe en même temps qu'elles coupent le blé; mais c'est un progrès qui n'a pas été assez sûrement expérimenté pour que l'on se soit décidé à faire l'achat d'une de ces machines, dont le prix s'élève à près de deux mille francs !

Tu me demandes si je travaille de mes *propres mains* à la moisson, et tu me vois en imagination, dis-tu, *noire comme une taupe !*... La comparaison est flatteuse !... Je suis seulement bronzée, ma chère amie ; et quoique mon cousin prétende fort gracieusement que cela me va très bien, moi je trouve que je ressemble tout à fait à cette Indienne de Pondichéry que ma mère a eue pour femme de chambre, et que tu disais te représenter une statue de bronze habillée. Donc, tu peux te faire une idée de ma personne, qui n'a, je te l'affirme, aucune analogie avec une épaisse taupe.

Je travaille assurément, ou, pour mieux dire, j'ai travaillé pendant les foins ; mais la moisson est un labeur trop rude pour moi, quoique je sois devenue très forte depuis mon séjour à la campagne. Les ramasseuses de blé et autres céréales, qui sont des femmes habituées au travail, sont brisées par cette besogne, qui exige d'avoir toujours le corps plié en deux.

Quant au fanage des prairies naturelles, je m'en suis occupée avec un réel plaisir. M^me de Sévigné, étant aux Rochers, écrit à M. de Coulanges : — « Savez-vous ce que c'est que faner ? il faut que je vous l'explique. Faner, c'est retourner du foin en batifolant dans une prairie. » — C'est très vrai, et les petites filles ainsi que les garçons de l'école qui sont venus « batifoler » un jeudi, ont trouvé, je t'assure, que c'était « la plus jolie chose du monde, » d'autant plus qu'on leur a distribué de la galette et du cidre.

Je t'entends demander la recette de la galette ; la voici :

Pose sur une planche à pâtisserie une livre de farine ; fais un trou au milieu, mets-y trois quarts de livre de beurre, un peu d'eau tiède quand il fait froid, et dix grammes de sel ; pétris le tout, et quand ta pâte est bien lisse, donne-lui quelques tours de rouleau. Cela veut dire qu'après avoir mis ta pâte en boule, tu la presses et l'étends en faisant aller ton rouleau dessus en tout sens en le saupoudrant de farine, pour qu'il ne s'attache pas à la pâte, que tu plies alors en trois et roules de nouveau. Tu renouvelles ce travail trois fois avant de donner à ta pâte étendue une forme ronde et une épaisseur d'à peu près deux centimètres ; tu traces sur la surface de ta galette des losanges avec un couteau, tu la dores avec un peu de lait, et tu la mets au four sur une plaque de tôle graissée. En vingt minutes elle est cuite dans le four du fourneau de fonte, car ce ne serait pas la peine d'allumer le four au pain rien que pour une galette. Ceci est une galette de pâte brisée; car, pour le feuilletage j'avoue mon incompétence, mais c'est une galette pour des *becs fins*, et ce n'est pas celle que j'ai faite pour nos fillettes et nos garçons. Oh ! d'abord ils n'en eussent pas apprécié la finesse, c'est bon pour vous autres citadins raffinés ! J'ai tout bonnement délayé ma farine avec du lait, et mis par livre de farine un demi-quart de beurre. Je t'assure que j'ai été déclarée excellente pâtissière par la troupe joyeuse !

On va bientôt déchaumer les champs qui ont donné les céréales, c'est-à-dire labourer le chaume (ou racine des blés coupés), et l'on ensemencera à l'automne. Car à la campagne, quand une chose est finie, une autre recommence. Comment pourrait-on s'ennuyer de cette existence si intéressante ? Je ne puis me figurer qu'il fut un temps où je regardais comme la plus délicieuse distraction du monde d'aller m'asseoir sur la place de la Comédie au Havre, et, je le dis à ma honte, de critiquer les toilettes ! Mais je suis bien changée, je t'en réponds ; et il ne me viendrait plus à l'esprit de me moquer de personne. Je te dis cela parce que je sais combien tu es bonne, et, je me souviens que tu voulais toujours interrompre mes sottes moqueries. Oh ! tu vaux mille fois mieux que moi ! Que je déplore cet éloignement qui nous sépare ! Enfin, il faut toujours avoir dans ce bas monde quelque chose à regretter ; heureux quand on peut encore espérer, et j'espère pour la fin de l'année qui s'approche à grands pas !... Quelle joie de nous revoir ! et quel bonheur si mon bon père est de retour !...

Je te laisse sur ces douces pensées et t'embrasse affectueusement.

Thérèse D.

# LETTRE XXIII

Clairefontaine, 11 septembre 187...

Grande fête à Rouelles avant-hier ! C'était la distribution de nos prix. Je suis certaine que l'anxiété des candidats au concours général n'est pas aussi vive que celle de notre jeunesse rurale, d'autant plus qu'aucune indiscrétion ne laisse rien transpirer sur le choix des lauréats. La timidité empêche de concevoir des espérances, et ce n'est qu'en entendant son nom que le vainqueur apprend sa victoire.

On avait dressé dans la cour de notre ferme une tente ornée de feuillages. Les couronnes préparées pour les garçons étaient en vrai laurier, car nous proscrivons ces horreurs de couronnes en papier vernissé qui ont la prétention de simuler du feuillage. Pour les filles, c'étaient des couronnes de bleuets et de mousse.

Nos enfants ont pris place sur des bancs. M. le curé de Montivilliers, notre doyen, présidait la cérémonie ; M. le curé de Rouelles, mes oncles Étienne et Léon, les membres du conseil municipal, du conseil de fabrique et les *gros bonnets* du pays (comme on appelle ici les riches) étaient assis autour de la table couverte de prix.

M. le curé de Montivilliers, dans un discours très écouté, a fait ressortir les avantages inhérents à la vie rurale. Puis les garçons ont chanté une cantate exaltant les beautés de la nature, dont les paroles étaient de mon oncle Léon, et la musique de... Mozart! Quelques élèves ont alors récité des morceaux choisis dans les poëtes qui ont célébré la vie des champs.

Les filles n'ont rien chanté, rien déclamé ; mais leurs ouvrages exposés sur une table ont été très admirés de toutes les personnes présentes : couture, raccommodage, petites layettes, bas tricotés, enfin ce qu'une femme doit savoir exécuter dans un ménage de cultivateur.

Le garçon qui a remporté le prix d'honneur a reçu un livre intitulé : LA PRIME D'HONNEUR, par M. Calemard de Lafayette, et un livret de cinq francs de rente, donné par mon oncle Étienne.

Pour les filles, le prix d'excellence était : LE RÔLE DES FEMMES DANS LA FERME, et un livret également de cinq francs de rente, donné par mon oncle Étienne.

M. le curé et mon oncle ont écarté rigoureusement des livres donnés en prix tous ces petits romans dramatiques, moraux si l'on veut, qui ne servent qu'à faire trotter l'imagination dans les champs de la vie idéale, bien loin des champs prosaïques de la ferme. Tous les livres avaient été choisis en vue de la position de ceux auxquels ils étaient destinés.

On a donné un ouvrage qui me plaît beaucoup : VILLE ET VILLAGE (1), de Jean Grange ; c'est le récit des malheurs sur-

(1) Blériot, éditeur.

venus à de pauvres villageois qui se sont laissé entraîner par un cousin à quitter leur hameau pour aller travailler à Limoges, dans des fabriques, espérant y faire fortune, et n'y trouvent que la ruine. Ce livre est très intéressant, très moral, et, ce qui ne gâte rien, écrit très élégamment.

Voilà, du reste, plusieurs années qu'on le donne en prix, et il a toujours le même succès.

On a décerné pour les garçons un prix de dessin linéaire qui n'est pas dans le programme des écoles primaires de village, mais l'inspecteur a autorisé mon cousin à faire un cours de dessin, le soir, aux garçons. Le vieil instituteur ne sait pas dessiner, car autrefois on ne demandait pas autant de connaissances qu'aujourd'hui dans l'instruction primaire. Cependant savoir les éléments du dessin est une très bonne chose pour celui qui veut être menuisier, maçon, même jardinier. Le prix était L'Archéologie des écoles primaires (1), de M. de Caumont, petit ouvrage, qui donne en quelques pages le résumé élémentaire des ordres d'architecture. Il est écrit de la manière la plus claire en même temps qu'il est un chef-d'œuvre d'érudition.

Un livret de cinq francs de rente a été donné pour le prix de couture.

Mon oncle Étienne a prononcé quelques mots de félicitation pour les vainqueurs et a consolé les vaincus par de bonnes paroles d'encouragement. Puis tout ce jeune monde s'en est allé prendre sa part d'une collation de laitage et de galette. Là, il n'y a plus eu ni vainqueurs ni vaincus, mais une troupe fort heureuse qui s'est rendue après ce petit repas dans la cour de l'auberge, où les attendaient

---

(1) Le Blanc-Hardel, éditeur, à Caen.

les chevaux de bois qui arrivaient de Montivilliers où c'était la foire ces jours derniers. Il ne s'agit pas, tu le penses, de cet exercice qui consiste à tourner bêtement, sans bouger, pendant un temps indéterminé, mais bien du jeu de bague, où l'adresse est stimulée.

C'est le seul jeu que mon oncle tolère dans la paroisse, d'où il a banni les saltimbanques, magnétiseurs, tireuses de cartes, faiseurs de tours, etc., etc. Il n'y a pas de bals ici, à proprement dire; on danse sur l'herbe le jour de l'assemblée; tu te souviens sans doute que c'est ainsi que nous appelons en Normandie nos fêtes de village. L'orchestre se compose d'un *violonneux* monté sur un tonneau. Mais mon oncle, soutenu de son conseil, a refusé l'autorisation à un industriel qui voulait installer ici un bal tous les dimanches.

Le lendemain des prix il y a eu divertissement de courses à pied dans une longue allée d'un château bâti sur l'emplacement de ce bois *des Ardennes*, octroyé par une charte de saint Louis, en avril 1256, aux pauvres de l'abbaye de Montivilliers.

Les garçons, sans souci de ces souvenirs antiques, ont lutté joyeusement à qui arriverait le premier au but désigné. Les prix disputés étaient des serpettes et quelques outils de jardinage.

Quant aux filles, elles assistaient à ces jeux sans y participer, les bonnes sœurs leur ayant interdit ce genre de divertissement des plus inconvenants pour des femmes.

Notre fête a été troublée par un incident qui a jeté une certaine tristesse parmi nous.

Pendant que les enfants goûtaient, j'aperçus à la barrière de la ferme une pauvresse avec un enfant qui demandait l'aumône. Je voulus la faire entrer pour lui donner à manger. Mais cette femme, vêtue d'une robe noire dont la forme, jadis élégante, faisait ressortir davantage la misère lamentable, se refusa à entrer, me demandant seulement un morceau de pain pour elle et sa petite fille, âgée d'environ dix ans. Une servante de la ferme, Manette, voyant que je ne revenais pas, s'avança. Mais dès qu'elle eut envisagé la femme, elle s'écria : — Ah! grand Dieu! est-ce donc toi, ma pauvre Mélanie? — Et elle se jeta en pleurant dans les bras de la mendiante qui sanglotait.

Ma chère amie, cette malheureuse était la sœur de Manette, et la femme de cet homme dont je t'ai parlé, qui avait fui l'église le jour de la première communion de sa fille, et qui, se croyant supérieur aux paysans, était allé à Paris, où il avait trouvé, au lieu de la fortune qu'il espérait, la misère, la mort pour sa fille aînée, et enfin la mort pour lui! Dieu sait quelle mort! car la pauvre veuve a balbutié quand on lui a demandé comment elle avait perdu son mari. M. le curé a défendu qu'on l'interrogeât; mais je crois bien que la Commune a été l'occasion de cette mort. Quoi qu'il en soit, mon oncle a immédiatement recueilli la mère et l'enfant. La bonne Manette a fait changer de suite à sa sœur ses haillons élégants pour de bons vêtements campagnards. La pauvre Mélanie a eu un moment de joie en se revoyant sous les vêtements de sa jeunesse : il lui semblait, disait-elle, que ses malheurs allaient, sinon finir, ce qui n'était plus possible, puisque deux tombes étaient toujours dans son souvenir, mais elle espérait que le bonheur pourrait revenir à son enfant.

La pauvre femme n'avait pas osé, par un sentiment de fausse honte, revenir plus tôt au village. C'est sur le conseil réitéré d'un bon prêtre qui lui a remis un peu d'argent pour son voyage, qu'elle s'est décidée à affronter les regards de ses anciens amis. Mais elle avait bien tort de craindre l'accueil des villageois, car tout le monde a été excellent pour elle. C'était à qui viendrait l'embrasser en lui disant : — Ah ! pauvre Mélanie ! pourquoi donc n'es-tu pas revenue dès que tu as été veuve ?

Cet incident douloureux est arrivé à point pour corroborer le discours de M. le curé de Montivilliers sur les dangers résultant du changement de pays. J'ai entendu plusieurs jeunes garçons qui, en causant entre eux, faisaient une application très juste du discours de M. le curé ; d'autres, lecteurs de *Ville et village*, disaient : — C'est absolument comme les MARTINET qui avaient quitté leur village pour aller à Limoges : seulement la malheureuse Mélanie revient seule, elle !

M. le curé de Rouelles a annoncé qu'il dirait la messe jeudi prochain pour le mari de Mélanie. Je suis certaine que tout le village y sera.

Tu vois que si l'on écarte le drame dans les livres destinés aux enfants, il vient les trouver ; mais c'est un drame douloureux qui porte avec lui ses enseignements.

Adieu, chère Louise ; je t'embrasse comme je t'aime, et c'est bien fort.

THÉRÈSE D.

## LETTRE XXIV

Clairefontaine, 25 septembre 187...

Je t'avais bien dit, ma chère Louise, que toute la paroisse assisterait à la messe dite pour le mari de Mélanie; mais ce que je ne pouvais prévoir, c'est la manière délicatement charitable dont les filles de la sainte Vierge se sont conduites à l'égard de la veuve.

Après la messe, la doyenne de la confrérie s'est rendue dans la sacristie et a dit à M. le curé :

— Monsieur le curé, veuillez remettre à la pauvre Mélanie cette petite somme au nom de la confrérie, afin qu'elle s'achète quelques vêtements. Nous n'oublions pas que Mélanie a toujours été bonne et pieuse, et sans son vilain mari...

— Ne disons pas de mal des morts, ma bonne fille, a interrompu M. le curé; espérons plutôt que Dieu a accordé à ce malheureux la grâce du repentir et qu'il est pardonné à l'heure qu'il est. En tout cas, prions pour lui... Je vais remettre à la pauvre veuve le produit de votre collecte.

Je vous remercie pour elle et pour moi, car mon cœur de père est bien heureux de voir mes enfants s'entr'aider au jour du malheur.

L'argent a donc été remis à Mélanie, qui a acheté pour elle et pour sa fille des vêtements solides et est allée témoigner sa reconnaissance à chacune de ses compagnes. Elle reste décidément à la ferme, où mon oncle lui donnera de l'ouvrage, et sa petite fille ira à l'école des sœurs. La pauvre femme est ravie de cet arrangement ; elle disait tantôt :

— Mon Dieu ! si mon pauvre homme avait pu revenir ici !... quand ça n'aurait été que pour y mourir... je pourrais au moins prier sur sa tombe... Mais Dieu ne l'a pas voulu... Peut-être lui a-t-il infligé une mort si terrible en expiation de ses fautes... car il s'est repenti... oh ! oui, j'en ai la certitude !... le prêtre me l'a assuré...

C'est là tout ce qu'elle a laissé entrevoir sur son mari ; mais je ne doute pas que M. le curé n'ait reçu d'elle une confidence complète.

Les labours sont en train. On déchaume les champs où l'on a récolté les céréales. On va plâtrer les trèfles qui étaient avec l'orge et les blés, et les pluies de l'hiver entraîneront dans la terre les matières fertilisantes.

J'ai oublié de te dire que nous avons fait une seconde coupe de luzerne. Maintenant, on met les vaches au piquet dans les champs de luzerne et de trèfle. On veille avec soin à ce que, en tirant sur leur corde, les vaches ne se détachent pas du piquet, car alors elles mangeraient sans mesure ces fourrages verts ; et les gaz qu'ils contiennent, s'accumulant dans leur corps, les enfleraient, ce qui s'appelle la météorisation ; et si un prompt remède n'était administré, elles mourraient étouffées.

Quand la météorisation se déclare, on fait avaler à l'animal de l'huile de noix ou de l'alcali volatil, et on le fait marcher le plus vivement possible. Mais si le cas est grave, on est forcé d'avoir recours à la ponction. Pour cela, on fait un trou dans le flanc de la vache avec un instrument nommé *trocart,* et les gaz sortent par cette issue. Cette opération n'est pas sans danger, il vaut mieux attacher solidement la corde de ces gourmandes que de les exposer à être victimes de leur intempérance.

La récolte des pommes de terre est presque terminée. Je ne t'ai pas parlé de la plantation qui a eu lieu au printemps dernier. On avait préparé la terre par deux labours, puis creusé des fosses de quinze à seize centimètres, dans lesquelles ont été déposées des pommes de terre choisies parmi les plus saines. Il y a des cultivateurs qui, par économie, coupent les pommes de terre en plusieurs morceaux; elles viennent également, puisqu'à chaque œil de la pomme de terre il se forme un bourgeon; mais souvent ces morceaux, humides par leur coupure, pourrissent dans la terre; il vaut mieux mettre les tubercules entiers. Ils ont d'ailleurs plus de fécule et donnent à la jeune plante une nourriture plus succulente.

Lorsque au bout d'une quinzaine de jours les pommes de terre sont levées, on herse en tous sens pour rompre la croûte du sol; mais on se sert d'une herse en bois, afin que les dents ne déchirent pas les tubercules-mères. Dès que les mauvaises herbes se montrent dans les champs, vers le mois de juin, on bine avec la houe à cheval (comme les betteraves); puis l'on butte avec la charrue dite butteur à deux versoirs, c'est-à-dire qu'en passant au milieu de deux rangées de pommes de terre, les versoirs de cette charrue rejettent la terre à droite et à gauche et forment des buttes au pied des plantes.

On sème aussi la graine de pommes de terre; alors on n'a pas de récolte la première année, la pomme de terre étant bisannuelle; mais ce procédé n'est pas en usage dans la grande culture, il n'est usité que dans la culture maraîchère, afin d'obtenir de nouvelles variétés.

On vient donc d'arracher les pommes de terre avec la houe à main, sorte d'instrument recourbé, et avec la fourche à trois dents. On emploie quelquefois la charrue, moyen plus expéditif; mais on s'expose à couper des tubercules qui, dans ce cas, sont perdus.

Les pommes de terre arrachées sont laissées quelques heures sur le sol pour se ressuyer, puis transportées à la ferme sous un hangar, et, au bout d'une quinzaine de jours, on les met en *silos*. Ce procédé, qui assure leur conservation, consiste en des fosses de quarante ou cinquante centimètres de profondeur que l'on tapisse de paille de tous les côtés; on y dépose les pommes de terre en un tas terminé en pointe, que l'on recouvre d'un lit de paille, en ayant soin de laisser sortir au dessus du silo un faisceau de paille pour favoriser l'évaporation de la buée exhalée par les tubercules enfermés.

Il faut que les pommes de terre soient parfaitement sèches avant de les *ensiler;* leur conservation dépend de cette précaution.

C'est aussi de cette manière que l'on conserve les betteraves quand on les arrache au milieu du mois d'octobre.

J'allais omettre de te dire que les pommes de terre exigeaient peu d'engrais; cela nuirait à leur qualité. Toutefois, dans les terrains secs, on emploie avec modération le fumier de vache, et dans les terrains humides, le fumier de cheval.

Les betteraves, au contraire, demandent beaucoup d'engrais.

Charrue double-Brabant.

Ainsi que je te l'ai dit en commençant, on est en train de labourer. Tu vois que la charrue est munie de deux socs qui entrent dans la terre alternativement, à droite et à gauche, et la rejettent de côté ; après quoi on passe la herse

Rouleau Crosskill.

à clavier dont je t'ai envoyé le dessin il y a quelque temps ; elle unit tous les sillons formés par la charrue, et alors un gros rouleau très lourd, garni de pointes de fer, est traîné par des chevaux et tasse la terre en brisant les mottes qui ont résisté à la herse. On recommence ces opérations au moins deux fois; mais avant le second labour on fume, c'est-à-dire l'on étend du fumier que la charrue enterrera à la profondeur voulue à ce second labour.

Bien entendu, nos blés sont semés en lignes avec notre semoir, et après on passe un rouleau-plombeur (sans pointes de fer) pour enterrer les grains qui germeront avant l'hiver, car les semailles auront lieu dans une douzaine de jours. Au sortir de l'hiver, on roulera de nou-

Rouleau-plombeur.

veau et on hersera les céréales que les gelées déchaussent souvent en boursouflant le sol qui entoure la racine. Un coup de rouleau (sans dents) les raffermit, et un léger hersage détruit le glacis formé par le rouleau.

On n'a pas toujours le temps de faire toutes les semailles avant les grandes pluies d'automne qui empêchent de labourer; alors on fait des semailles au printemps : cela s'appelle *blés de mars*.

Mon oncle Étienne a été la semaine dernière au Havre. Il y avait une assemblée de nos créanciers. Les dernières nouvelles reçues de mon père ont donné la certitude que tout le monde sera payé, capital et intérêts. Juge si nous sommes heureuses de penser que personne ne pourra se plaindre de mon bon père, dont le nom restera, comme il était avant nos malheurs, synonyme de loyauté.

Mon oncle a rencontré M$^{mes}$ Lemierre (avec lesquelles, tu le sais, nous étions liées). Elles ont parlé de nous avec tant d'intérêt et ont témoigné un si vif désir de nous voir, que mon oncle n'a pu s'empêcher de les inviter à venir passer une journée ici. Ma mère en est contrariée, car elle s'était promis de ne voir personne en l'absence de mon père; mais moi je t'avoue que je suis ravie. J'ai toujours eu pour M$^{lles}$ Lemierre, principalement pour Élise, une vive affection, et je me fais une fête de les recevoir mardi prochain et de leur faire visiter notre belle ferme.

Je t'écrirai après cette visite. En attendant, je t'embrasse de tout mon cœur et suis ton affectionnée

THÉRÈSE D.

## LETTRE XXV

Clairefontaine, 5 octobre, 187...

Ah! ma chère Louise, quelle déception m'a fait éprouver la visite de mesdames Lemierre !... Moi qui étais si heureuse de les revoir !... Néanmoins, je te l'avoue, je ne suis pas fâchée d'avoir ouvert les yeux sur ce que je croyais, à tort, être une affection solide. Ne va pas croire, cependant, que ces dames aient été impolies ; oh ! non ! mais j'ai senti, ma mère aussi, que désormais nous ne nous entendrions plus ensemble. Elles venaient nous voir pour nous consoler, nous croyant très malheureuses de notre *exil,* ainsi qu'elles appellent notre séjour à Clairefontaine, et très désireuses de reprendre notre position au Havre dès que les affaires de notre maison seraient arrangées, ce qui ne peut tarder longtemps, personne n'en doute dans le commerce havrais. Mais lorsqu'elles ont entendu ma mère et moi parler de notre vie à la campagne comme d'une chose qui probablement persisterait après le retour de mon père, elles se sont regardées entre elles avec un air mystifié. Mais je vais reprendre les choses de plus loin.

Mardi dernier la voiture de mon oncle a amené ces dames à une heure après midi ; elles devaient arriver à onze heures du matin, car Pierre était parti d'ici de manière à être au Havre à huit heures ; et avec un bon cheval, il faut à peine deux heures pour faire la route du Havre à Clairefontaine. Mais pense quelle affaire pour des citadines d'être prêtes à neuf heures du matin !

Elles n'ont *démarré,* selon l'expression de Pierre, qu'à onze heures ; et vraiment en voyant leurs jolies toilettes et les boucles savamment combinées de leur coiffure, on comprenait ce qu'il avait fallu de temps pour harmoniser cet ensemble ravissant !

Elise et sa sœur Laurence avaient des costumes de foulard gris-perle semé de petits bouquets pompadour d'une fraîcheur de ton délicieuse. La jupe surchargée de garnitures et terminée par une queue longue de près d'un mètre était recouverte par une sorte d'écharpe posée très bas et nouée derrière, de manière à gêner la marche. Le corsage en forme d'habit serrait la taille de ces demoiselles au point, il me le semblait du moins, de les empêcher de respirer ; de charmants chapeaux ronds en paille grise ornés de fleurs des champs étaient posés en arrière sur leur tête, ce qui est vraiment bien disgracieux, et des traînes de feuillages et de fleurs se mêlaient aux longues boucles de leur chevelure, qui descendaient jusqu'au bas de leur dos. Des ombrelles gris-perle ornées d'un bouquet de fleurs et des bottes grises à hauts talons complétaient ces toilettes, qui eussent été fort admirées sur la jetée du Havre, mais qui étaient passablement déplacées dans une cour de ferme.

Mme Lemierre avait un costume plus sérieux, mais non moins élégant. Robe de soie noire, chapeau brodé en jais garni de plumes rouges ; ombrelle noire avec un bouquet de roses rouges, bottes de soie noire à hauts talons, etc., etc.

La botte d'Élise se prend dans le marchepied.

Quand ces dames sont descendues de voiture, le talon d'une des bottes d'Élise s'est pris dans le marchepied, elle est tombée sans pouvoir se retenir grâce à sa longue queue, elle a roulé, sans se faire mal heureusement, sur le gazon et s'est arrêtée à la place où une vache...... tu m'entends ?

Je n'ai pas besoin d'ajouter que la jolie robe a été affreusement salie !... Tous nos efforts pour essuyer, même laver, n'ont eu pour résultat que d'étendre les souillures !... Maman a témoigné combien elle était peinée de cet accident et combien elle regrettait que ces demoiselles se fussent mises en toilette de cérémonie pour venir chez des campagnardes.

Madame Lemierre a répondu qu'elle ne se serait pas permis de se présenter chez M<sup>me</sup> Dumesnil sans être, ainsi que ses filles, vêtue convenablement, que ce petit accident était sans importance et qu'il ne fallait même pas s'en occuper.

Je crois, ma chère, qu'elle enrageait ; car le lavage forcé pour enlever le *parfum* a donné au léger foulard l'aspect d'une guenille. Mais aussi quelle idée d'avoir des bottes à talons si élevés, et des queues si traînantes !

Après cet épisode désagréable pour tous, car je t'assure que bien que j'eusse eu au premier moment une violente envie de rire, j'étais dans le fond très contrariée, on s'est mis à table. Ces dames, qui sont fort polies, ont trouvé le dîner excellent, lorsqu'elles ont appris que j'avais *cuisiné* une partie des mets ; néanmoins j'ai cru m'apercevoir qu'elles étaient choquées de voir les domestiques à la même table que nous. M<sup>me</sup> Lemierre a dit à maman que c'était un usage patriarcal fort touchant ; mais Elise seule avec moi et sa sœur m'a dit : — « C'est un usage qui prouve le bon cœur de ton oncle, mais que je trouve singulièrement gênant ; car enfin on ne peut, devant des domestiques, causer librement ; on s'exposerait à ce qu'ils répétassent tout ce qu'ils entendraient.

— Tu oublies, ma chère Élise, ai-je répondu, que nous ne parlons de rien qui ne puisse être répété.

— Mais alors que pouvez-vous dire?

— Nous parlons des travaux des champs, des malades du village, de la pluie, du beau temps à espérer, etc.; mais mon oncle ne permettrait pas à sa table un mot de medisance.

— C'est tout à fait édifiant, a dit Elise avec ironie ; mais ça doit être monotone.

— Non, ma chère, ai-je repris un peu vivement ; ça n'est pas aussi monotone que d'aller tous les jours s'asseoir à la même place pour critiquer les toilettes de celles qui passent dans les promenades publiques.

— C'était pourtant, a repondu Elise avec aigreur, une chose qui te plaisait beaucoup et dont tu t'acquittais à merveille il n'y a pas encore longtemps.

— C'est vrai, ma chère Elise, j'ai poussé ce travers-là trop loin pour avoir le droit de parler ainsi que je viens de le faire. Excuse-moi et viens visiter la ferme ; tu comprendras alors que les occupations sérieuses et intéressantes de mon existence présente aient changé mes goûts.

J'ai donc conduit ces demoiselles dans la laiterie, aux poulaillers, aux étables, etc. Elles ont trouvé les poules et les canards charmants, mais elles ont jeté des crix affreux parce que au moment où elles entraient à l'étable une vache a beuglé ! J'ai eu beau répéter qu'il n'y avait rien à craindre et que cela voulait dire que la vache sentait l'heure du repas ; rien n'a pu convaincre Elise et Laurence que leur vie ne fût pas en danger ; elles se sont enfuies avec précipitation loin des étables.

J'ai alors mené ces demoiselles chez les bonnes sœurs, où elles ont été admirées par les petites filles qui n'avaient jamais vu de si belles queues et de si beaux chignons ; car nos châtelaines ont le bon goût d'avoir pour la campagne des costumes ronds ; elles gardent les boucles traînantes pour les bals.

De l'école des sœurs nous sommes allées à l'église, laquelle a trouvé grâce devant Elise ; car depuis quelques mois elle apprend le dessin, et elle sait (superficiellement, je crois !) la différence du style roman avec le style gothique.

Puis nous sommes revenues à la ferme, où j'ai engagé Laurence à nous faire un peu de musique.

— Comment ! m'a-t-elle dit, tu t'occupes encore de ton piano ?

— Je m'en occupe peu, ma chère Laurence, car je ne suis pas très forte; mais ce que je sais me suffit pour enseigner les cantiques aux enfants des sœurs. Mon cousin qui joue de l'orgue.....

— Ton cousin, interrompit Elise, ton cousin que nous venons de voir labourer un champ, joue de l'orgue ? Je me demande à quoi cela peut lui servir, puisqu'il ne va pas dans le monde ?

— Vraiment, ma chère, il ne va pas dans le monde ! et l'église où tous les dimanches il accompagne les chantres qu'il a formés, crois-tu donc qu'elle ne soit pas pleine de monde ?

— Du monde ! ma chère Thérèse, allons donc ! tu veux dire des paysans !

J'étais indignée, et c'est en faisant des efforts héroïques pour ne pas éclater que j'ai répondu :

— Oui, des paysans chrétiens, des enfants du bon Dieu, qui pratiquent plus de vertus que les oisifs des villes, crois-le bien ; et quand Charles a rehaussé le service divin aux yeux de ces bons villageois, il a fait un acte plus méritoire que s'il avait réussi a obtenir les applaudissements de ce que vous appelez le monde, où bien peu de gens comprennent les œuvres de nos grands maîtres.

Pendant que je parlais, Laurence feuilletait ma musique en souriant, et elle me dit :

— Mais, ma chère amie, il n'y a là rien que des vieilleries ! Grâce à Dieu, je n'étudie que des morceaux d'opéras à la mode.

— Oh ! alors, ma chère Laurence, répondis-je en fermant le piano, tu n'as rien à trouver ici, car ma mère a interdit les *opéras à la mode*, qui sont pour la plupart des insanités, dit-elle. Mais en revanche nous avons beaucoup de *ces vieilleries* dues à Mozart, à Haydn, à Bethowen, ces grands génies, qui pour être nés il y a longtemps, sont toujours jeunes, et c'est dans leurs admirables compositions que Charles choisit les morceaux religieux que nos paysans écoutent avec émotion et respect ; car la belle musique est toujours comprise par les âmes religieuses.

— S'il en est ainsi, dit Elise, en regardant sa sœur avec malice, je reconnais que vos paysans sont des natures d'élite, et je ne doute pas que ton cousin n'arrive à fonder ici un conservatoire de musique rurale. Tu nous inviteras quand on décernera les prix, n'est-ce pas ?

J'allais répondre peut-être quelque chose de peu poli, quand Mme Lemierre vint dire à ses filles que le moment de partir était arrivé, et le départ s'effectua à la satisfaction générale.

Ces dames étaient sans nul doute très ennuyées de leur *partie de plaisir*, et nous réellement nous avions assez de leur présence.

— Voilà donc, dis-je à ma mère, dès que la voiture qui emmenait nos havraises fut éloignée, comment j'étais avant nos malheurs ?

— Pas tout à fait, Thérèse, mais peu s'en fallait.

— Chère maman, vous êtes trop charitable à mon égard ; car, tenez, je me rappelle fort bien avec quel chagrin j'ai raccourci toutes mes robes sur votre ordre en arrivant ici ; il me semblait que vous exigiez de moi un *sacrifice cruel !* Et comment aurais-je pu marcher dans la cour avec une queue ? l'accident arrivé à Elise se fût renouvelé pour moi à tout instant.

— Il est évident, répondit ma mère, qu'il faut à chacun le costume convenable à sa position et aux lieux qu'il habite. Ces robes à queue, très jolies quand elles traînent sur des tapis, sont ridicules dans la rue et seraient impossibles à la campagne.

Nous nous sommes mises alors à ranger le service de table qui ne sert que dans les grandes occasions, et ce fut avec une vraie joie que le soir au souper nous nous sentîmes en famille.

Charles a beaucoup ri de l'étonnement de ces demoiselles en apprenant qu'il jouait de l'orgue.

— Il est certain, a-t-il dit, qu'elles ne pouvaient s'imaginer que ce paysan qui tenait le mancheron d'une charrue pût devenir un organiste comme ces beaux messieurs qui hantent leur salon. De même je me figurerais très-difficilement ces belles demoiselles, serrées dans leurs vêtements comme des momies égyptiennes, remplaçant ma cousine à la ferme.

— Elles n'ont pas été habituées à vivre à la campagne, a répondu ma mère avec bonté ; leurs ridicules sont inhérents à l'éducation qu'elles ont reçue ; il faut les excuser.

Là-dessus on a changé de conversation.

Voilà, ma chère Louise, le récit exact de ma déception. Tu n'en seras pas très étonnée, car je crois que tu n'as jamais partagé mon engouement pour mesdemoiselles Lemierre.

Je t'embrasse, et te dis à bientôt une autre lettre. Ton affectionnée,

Thérèse D.

# LETTRE XXVI

Clairefontaine, 13 octobre 187...

Tu me demandes, chère Louise, à quoi nous occupons nos veillées maintenant que le soleil est couché à cinq heures? Oh! nous ne restons pas dans l'inaction, sois-en certaine! D'abord, depuis quelques jours la machine à battre nous donne du blé, et, le soir, tout le monde se met à trier les plus gros grains pour avoir des semences d'élite. Pendant cette besogne mon oncle Léon nous lit quelques nouvelles intéressantes. Nous recevons une fois par semaine un journal rural « LA GAZETTE DES CAMPAGNES, [1] » qui est rempli d'excellents documents agricoles et donne un résumé très judicieusement fait des nouvelles politiques de la semaine, de manière que, sans lire un journal tous les jours, ce qui serait impossible à des ruraux, on est au courant de ce qui se passe. Puis, ainsi que je te l'ai dit, Charles

(1) Rédacteur M. Louis Hervé. Administration, quai des Grands-Augustins, 55 — Paris.

donne des leçons de dessin linéaire à quelques jeunes garçons et je m'intéresse à leurs progrès, car tu dois te souvenir que je dessinais étant avec toi chez nos bonnes Ursulines.

Dans la journée, des femmes dirigées par moi font la récolte des pommes à cidre. Nous ne les gaulons pas ici

Récolte des pommes.

comme dans beaucoup de fermes, ce qui a pour résultat de les meurtrir et de briser les boutons à fruit, pesoir d'une prochaine récolte ; mais on soulève les branches avec une grande gaule fourchue qui les prend en dessous, pour ne pas exposer celles qui sont très chargées de fruits à éclater si on les secouait sans précaution. Quand toutes les pommes sont à terre, on les met en tas dans un lieu sec et aéré où s'achève la maturation ; on les y laisse une huitaine de jours avant de les porter au pressoir, mais en les surveillant pour qu'elles ne pourrissent pas ; car malgré l'opinion répandue dans les campagnes, qui veut que les pommes pourries soient utiles pour faire de bon cidre, elles lui sont fort nuisibles.

La variété des pommes est aussi une condition de la qualité du cidre.

Charles nous a dit qu'en 1588 un Normand, JULIEN LE PAULMIER, avait publié en latin un petit traité sur le vin et le cidre, qui fut traduit en français par un autre Normand, JACQUES CAHAGNE. — Il y est dit: « Toutes sortes de pommes doulces, mêlées ensemble, font de *bon sidre;* mais il s'en trouve de plusieurs espèces, lesquelles séparément *sidrées* le font très excellent. Davantage plusieurs ont observé certaine proportion de meslange en quelques espèces qui rend le *sidre admirable.* »

Nous, qui avons certainement du *sidre admirable*, nous possédons une grande variété de pommiers qui peuvent toutefois se ramener à trois espèces distinctes : *fruits amers, fruits doux, fruits acides.*

On recueille séparément les pommes de chaque saison, car nous avons des pommiers précoces et des pommiers tardifs ; de même que nous faisons des tas à part des pommes amères, douces ou acides.

On fait le cidre en plusieurs fois à mesure que les pommes mûrissent.

Le cidre fait avec les pommes tombées n'est pas de bonne garde ; mais comme il se fait de même que le cidre de garde, je vais t'expliquer comment on vient d'y procéder.

On a porté les pommes tombées, sans égard pour leur espèce, dans une sorte de grand moulin qui écrase les pommes entre deux cylindres à dents obliques comme celles d'un cric et les réduit en véritable purée. Il me semble inutile de te prévenir que la trémie qui couvre le moulin, dans le dessin, reçoit les pommes, qui, de là, tombent entre les deux cylindres.

L'écrasement des pommes se fait sans eau pour le cidre de garde; mais pour celui des pommes tombées, on ajoute un litre d'eau par quinze kilos de fruits. L'écrasement terminé, on transporte jus et pulpe au pressoir; on fait une couche d'environ dix centimètres d'épaisseur, puis on étend une mince couche de paille et une claie de branches de chêne récemment coupées. Sur cette claie on remet une seconde couche de pulpe et de jus que l'on recouvre comme la première, et ainsi de suite jusqu'à ce que l'on ait à peu près rempli le pressoir. Alors on place les madriers que tu vois sur le dessin du pressoir Mabille, l'on attend quelques heures avant de presser, afin d'obtenir par l'égouttage le cidre de *mère goutte*. Après quoi l'on presse. Puis l'on enlève le marc que l'on met macérer en cuve pendant vingt-quatre heures avec environ vingt litres d'eau par hectolitre de pulpe. Ensuite on le remet au pressoir en le

Moulin à pommes.

disposant comme pour le premier pressurage (qui a donné le cidre de première qualité), et l'on a du petit cidre de ménage fort bon. Le marc est donné par mon oncle à de pauvres gens, qui en font encore une boisson très-saine.

Quand on met le cidre en tonneau, on laisse la bonde ouverte pour faciliter la fermentation ; et lorsqu'elle est ter-

Pressoir Mabille.

minée et que le cidre ne bout plus, on procède à un soutirage que l'on renouvelle plusieurs fois, et le cidre est bon à boire au bout de quatre ou cinq mois de sa mise en tonneau. Pour éviter qu'il ne s'aigrisse par le contact de l'air quand le tonneau est en vidange, on verse une couche d'huile à manger sur le cidre entamé ; trente grammes suffisent par hectolitre de cidre.

Quand le cidre est mis en bouteilles, il devient, ainsi que le disait le Normand Julien le Paulmier, un *sidre admirable;* il pétille comme du vin de Champagne, et il faut le mettre dans des cruchons de grès et le boucher solidement; sa violence casserait des bouteilles de verre.

Le poiré se fait exactement comme le cidre de pommes ; mais il est plus alcoolique, les poires ayant un jus plus sucré et plus abondant que les pommes, et tu sais que le sucre active la fermentation et se change en alcool.

Quand le poiré est en bouteilles, certains détaillants des villes le vendent pour du vin blanc.

Il est entendu que les poiriers et les pommiers à cidre sont des espèces spéciales, car les poires et les pommes à couteau feraient du cidre détestable, de même que les poires et pommes à cidre seraient immangeables au couteau.

Si le beau temps persiste, ce qui est bien à désirer, mon oncle espère que nos semailles de céréales seront terminées dans les premiers jours de novembre.

Nous avons, je te l'ai dit, une machine à battre. Cependant on bat encore au fléau pour donner de l'ouvrage en hiver à quelques vieillards. C'est un travail tout primitif. On étend le blé dans une grange sur une aire, les épis mis au centre ; on les frappe avec un fléau, bâton suspendu par une lanière à un long manche et le grain se détache des épis.

Je viens de faire des confitures de *messire-jean;* c'est excellent. On coupe les poires en quatre ; on les pèle en ayant soin de retirer les pépins et on les pèse. Pour deux kilos de poires on met un kilo cinq cents grammes de sucre concassé et on laisse le tout macérer dans une terrine jusqu'à ce que le sucre soit fondu, ce qui demande de six à huit heures ; alors on fait cuire dans la bassine en remuant pour que la confiture ne s'attache pas au fond. La cuisson demande environ une demi-heure, on reconnaît qu'elle est à point quand les poires sont devenues transparentes. Si l'on veut parfumer avec du citron, on coupe en très fines lanières le zeste d'un citron, on le met bouillir dans un demi-litre d'eau sucrée qui devient du sirop en s'évaporant et que l'on mêle aux poires au moment de les faire cuire. J'ajoute une gousse de vanille en morceaux également en commençant la confiture, ce qui la rend délicieuse.

Pendant que je suis en train de parler recette, en voici une très simple et très utile que j'ai appliquée en septembre. J'ai essuyé des haricots verts moyens ; j'ai mis dans un pot de grès un lit de sel, un lit de haricots jusqu'en haut du pot, j'ai recouvert le dernier lit de sel avec du beurre fondu, j'ai mis un linge dessus et un couvercle de fort papier. Quand on veut manger de ces haricots, on les met tremper dans dé l'eau tiède quelques heures, on les épluche et on les fait cuire comme des haricots frais, auxquels ils sont tout à fait semblables.

Mon oncle a introduit ici l'usage de la *choucroute*. Dans les premiers temps, nos gens trouvaient cela *dégoûtant*, et disaient : « *Bien sûr que nous ne mangerons jamais de choux pourris.* » Il est entendu que nous n'avons pas cherché à les convaincre que la choucroute était composée, non de choux pourris, mais de choux aigris ; c'eût été perdre son temps ; on ne les a même pas engagés à en goûter ; mais on en a fait accommoder pour nous qui l'aimons beaucoup, et petit à petit tout le monde en a essayé et a trouvé que c'était excellent. Nous achetons notre choucroute en tonneau au Havre, où l'on en consomme énormément. Ce sont des choux coupés très fin et mis dans un tonneau avec du sel et des épices. Ils s'aigrissent et rejettent une grande quantité d'eau ; on bouche alors le tonneau, et la seule précaution à prendre, quand on l'entame, c'est de mettre une planche avec une grosse pierre dessus, pour que l'eau salée couvre toujours la choucroute. On lave la quantité que l'on veut manger dans de l'eau tiède, et on la fait cuire comme des choux, avec un bon morceau de lard et de la graisse. Pour la servir on l'égoutte et l'on met refroidir l'eau de la cuisson sur laquelle la graisse se fige et que l'on retire pour s'en servir une autre fois dans la choucroute ; car le bouillon où a cuit la choucroute ne pourrait être utilisé. Ce légume est très sain et bon marché ; il revient à dix centimes la livre.

Nous avons eu une triste, mais nécessaire exécution, ces jours derniers : on a tué un de nos nombreux porcs, pour le saler. Un homme du village va dans toutes les fermes confectionner les boudins, les andouilles et saler la viande. On tue habituellement les pauvres bêtes d'une manière cruelle : on les égorge et on les laisse mourir au bout de leur sang ! Aussi les entend-on pousser d'horribles cris pendant des heures entières, ce qui est lamentable ! Mais à la ferme, on les assomme d'un seul coup de massue avant de les égorger ; ce qui leur évite de longues souffrances. On recueille le sang pour faire du boudin ; puis on grille le porc ; on le gratte avec une espèce de couteau, on le lave et l'on procède au découpage. Les boyaux servent à faire les andouilles, les boudins, les saucisses ; ils sont lavés, retournés et grattés avec le plus grand soin; les gros sont réservés aux andouilles. On les fait macérer pendant quelques heures avec du sel assaisonné d'épices, et on les coupe en lanières, après avoir gardé les mieux faits pour servir d'enveloppe. On réunit une certaine quantité de lanières, on les attache par un bout avec une ficelle, on les enfile dans le boyau, et, lorsqu'il est suffisamment plein, on le ferme aux deux extrémités avec une ficelle bien serrée; on fait bouillir doucement ces andouilles dans de l'eau pendant deux heures; on les retire, on les laisse refroidir, et, si on veut les avoir fumées, on les pend dans la cheminée, où elles se gardent très bien. Pour les manger, on les fait griller, enveloppées de papier graissé. Le boudin se fait avec le sang, que l'on assaisonne d'oignons coupés, de graisse, de lard et d'épices. On l'introduit dans un long boyau à l'aide d'un entonnoir, dont la douille est assez large pour laisser passer facilement la préparation qui constitue le boudin. Quand le boyau est plein, on le ferme et on met cuire le boudin comme les andouilles; *mais il ne doit pas bouillir*. On le laisse dans l'eau très chaude, jusqu'à ce qu'en le piquant, il ne sorte plus de sang, mais seulement de la graisse; on le retire alors et on le met dans un lieu frais, car il ne se garde pas, ainsi que les andouilles. On le coupe par morceaux et on le fait griller pour le manger.

Quant aux saucisses, elles se font avec des morceaux de porc entrelardés et hachés, que l'on entonne dans des boyaux; mais on ne les fait pas bouillir dans l'eau comme les andouilles et le boudin; on les mange grillées ou en ragoût.

Maintenant on dépèce le porc en morceaux, qui ne doivent pas être trop gros, pour pouvoir les ranger facilement dans le saloir. On prend du sel et on frotte vigoureusement chaque morceau, que l'on dépose alors dans le saloir où l'on a étendu une couche de sel. Quand le tout est bien serré, on sème du sel, des grains de poivre et de genièvre, l'on recommence à faire une nouvelle couche et on continue de même, jusqu'à ce que le saloir soit plein. Nos saloirs sont de grands vases en grès, appelés jales, qui ont une ouverture étroite et un gros ventre. On les ferme hermétiquement. Il ne faut jamais prendre du salé avec les doigts, ce qui le ferait gâter, mais avec une fourchette de fer. Les charcutiers mettent le porc dans la saumure; mais il se conserve moins longtemps que dans le sel à sec; c'est un procédé qui n'est bon que pour les marchands qui ont un grand débit.

Il est entendu qu'on ne coupe pas les jambons par morceaux ; on les laisse entiers, ainsi que la tête avec laquelle on fait le *fromage de hure*. On la met cuire dans une marmite avec de l'eau, des carottes, deux oignons, du thym, du laurier, du sel et des épices. On retire les os à mesure qu'ils se détachent ; on laisse bouillir six heures, en ajoutant de l'eau chaude, si elle tarit; car il faut toujours que la tête baigne dans l'eau. Lorsque la cuisson est terminée, on met le tout dans une passoire; on détache la couenne que l'on divise en morceaux, et, lorsque le tout est bien égoutté, on garnit un saladier avec cette couenne, on range les morceaux dedans ; on pose dessus une assiette renversée, sur laquelle on met un poids de cinq cents grammes, et le lendemain, quand le refroidissement est complet, on renverse le saladier, dont le fromage a pris la forme.

Pour le fromage d'Italie, on hache très menu le foie

avec du lard assaisonné d'épices, auquel on a joint deux ou trois cuillerées de farine et trois œufs entiers. On fait cuire le tout au four, dans une terrine garnie de bardes de lard.

On fait encore des rillettes avec les petits morceaux du porc hachés très-fin que l'on met cuire dans un chaudron, avec épices et sel, pendant cinq ou six heures, et que l'on garde dans des pots de grès. Quant aux pieds de cochon, on les cuit dans de l'eau et on les fait griller pour les manger.

Je laisse de côté les autres portions inférieures du porc, cœur, mou, etc., dont aucune n'est perdue, et je passe aux jambons fumés, qui sont un mets d'élite. On les fait bien sécher avant de les saler, puis on les frotte avec du poivre et du sel mélangé de salpêtre; on se sert pour cela d'un citron coupé en deux. Après cette opération, on met les jambons dans une terrine que l'on couvre de sel épicé et sur laquelle on place une planche, avec un fort poids. Ils restent ainsi pendant quinze jours; après quoi on les retire de la saumure qui s'est formée; on les met sécher, puis on les accroche dans la cheminée, assez haut pour que la flamme ne puisse les atteindre, et que la fumée leur arrive le plus froide possible. On les laisse environ six semaines dans la cheminée. Les charcutiers ont des chambres spéciales pour fumer leur viande.

Lorsque le porc est salé, on fond la graisse, car on n'a pas laissé toute celle qui recouvre la viande mise au saloir. On la joint donc à celle qui était dans l'intérieur du porc et on la fait fondre dans une chaudière avec un peu d'eau. Quand cette eau est évaporée, la cuisson est à point. On coule la graisse à travers une fine passoire dans des pots de grès que l'on descend à la cave.

En voilà bien long sur le compagnon de saint Antoine, vas-tu dire! C'est vrai, mais c'est que la viande du pauvre animal est celle qui entre le plus dans la nourriture à la campagne comme à la ville.

Je finis bien vite cette longue lettre, sans omettre toute fois de te dire que nous nous attendons à recevoir par le prochain courrier de New-York une lettre de mon père, qui nous fixera sur l'époque de son retour. Dieu veuille que ce soit bientôt ! Je sais que tu seras heureuse de notre bonheur et que tu ne nous oublies pas dans tes bonnes prières. Aussi je t'embrasse du meilleur de mon cœur d'amie.

Thérèse D.

# LETTRE XXVII

Clairefontaine, 5 novembre 187...

En même temps que nous recevions ta bonne lettre, ma chère Louise, nous annonçant la prochaine arrivée avec tes parents, un télégramme de mon père nous prévenait qu'il venait de prendre passage sur le *Transatlantique*, en partance pour le Havre, et, il y a quatre jours, nous avons eu le bonheur d'embrasser ce bon père !

Aucune parole ne pourrait exprimer l'émotion que nous avons éprouvée ; mais ton cœur comprend le nôtre !... Pourtant, c'est avec un sentiment douloureux que nous avons constaté combien, pendant cette absence de dix mois, mon pauvre père avait maigri ! Hélas ! ce n'est pas surprenant, après les cruelles inquiétudes qu'il a éprouvées ! Que de nuits sans sommeil il a passées !

Notre docteur, qui a vu ce cher père comme il débarquait, dit que son état n'a rien d'alarmant et qu'il reprendra promptement ses forces. Nous l'espérons, je puis dire avec certitude ; car depuis le peu de jours qu'il est ici, il n'est déjà plus le même qu'à son arrivée ; il est vrai qu'il est tout à fait rassuré sur l'heureuse issue de ses affaires. C'est une douce compensation pour les angoisses qu'il a endurées.

Hier, un des principaux négociants du Havre lui disait :
— Le malheur qui vous est arrivé, mon cher ami, ne sera pas longtemps sans être réparé.

— Oh! a répondu mon père, il est tout réparé; mes créanciers ne perdent pas un centime, et je reste avec cinq mille livres de rentes; c'est suffisant pour vivre à la campagne, que je ne quitterai certes plus, puisque, grâce à Dieu, ce genre de vie est tout à fait dans les goûts de ma femme et de ma fille.

Cette résolution a paru très bizarre au commerce havrais, et même elle est généralement blâmée. On ne peut comprendre qu'une famille se résigne à vivre à la campagne, quand elle pourrait reprendre *le haut du pavé* dans la cité commerciale; mais tous les gens qui raisonnent ainsi n'ont pas passé par les inquiétudes qui ont assailli mon père depuis près d'un an ; et puis ils ne connaissent pas cette vie rurale, qui a tant de charmes pour nous.

Il est décidé que mon père, après le règlement définitif de la liquidation, qui nécessitera sa présence pendant quelque temps au Havre, vendra la maison de ville, les meubles inutiles, et viendra s'installer ici, où il prendra part, dans les limites qu'il lui plaira, aux occupations agricoles.

Nous sommes fixés à Clairefontaine pour toujours, je te l'affirme!... Mais je ne veux pas entrer dans les détails d'un projet qu'il n'appartient qu'à mes parents de communiquer aux tiens... Peut-être vas-tu te douter de quelque chose ?... En tout cas, je t'en dirai plus long de vive voix...

Dans huit jours nous serons donc ensemble! Je vais compter les jours, les heures, les minutes, jusqu'à cette bienheureuse réunion.

Adieu, chère amie; je t'embrasse par la pensée, en attendant avec impatience la réalité.

Ton affectionnée,

THÉRÈSE D.

# ÉPILOGUE

Nous sommes dans les premiers jours de mai ; les cloches de Rouelles sonnent à toute volée... Les gens du village ont un air joyeusement affairé... et, à la ferme de Clairefontaine, des tables dressées sous les hangars ornés de feuillages annoncent qu'une fête se prépare.

Effectivement, une grande et belle cérémonie va avoir lieu... C'est le mariage de Thérèse avec son cousin Charles.

Pendant l'année que la jeune fille a passée à la ferme, son cousin a été à même d'apprécier en elle les qualités qui font la bonne ménagère.

Thérèse, de son côté, est bien persuadée que le bonheur n'existe pas dans la vie frivole et dissipée, mais dans les devoirs de la famille. Où pourrait-elle trouver un bonheur plus certain que dans cette belle ferme, où elle vivra au milieu d'une famille aimée et respectée de tous ?... C'est donc avec une profonde émotion et avec une douce confiance qu'elle a donné son consentement à une union désirée de ses parents et qui s'annonce sous les plus heureux auspices.

## 232 — UNE ANNÉE A LA FERME

L'église de Rouelles est parée comme aux plus grandes fêtes, et tous les habitants de la paroisse s'y rendent avec empressement, pour unir leurs prières à celles du bon curé qui va célébrer la sainte messe et donner la bénédiction nuptiale aux jeunes époux.

Mariage de Thérèse.

Chacun fait des vœux pour le bonheur d'une famille qui est la providence du pays. Car le villageois, contrairement au citadin, qui trouve que l'on ne fait jamais assez pour lui, est reconnaissant de l'aide qui lui vient aux jours difficiles.

L'avenir réalisera, sans nul doute, les espérances que ce mariage fait naître, et les nouveaux époux feront aimer, par leurs exemples, la vie des champs à ceux qui sont trop souvent tentés de la déserter pour aller dans les villes grossir le nombre des nécessiteux.

Quittons donc nos jeunes mariés, en leur souhaitant toutes les prospérités imaginables dans cette vie rurale, où évidemment on ne trouve pas un bonheur sans mélange, puisqu'il n'en existe pas sur la terre, mais où l'on est assuré de gagner le pain quotidien et de garder la foi de ses pères.

# TABLE DES MATIÈRES

| Lettres. | | Pages. |
|---|---|---|
| 1. | Revers de fortune. — Arrivée à la ferme. — Découragement — Ferme de Clairefontaine............ | 1 |
| 2. | Résignation. — Intérieur de la ferme. — Vie en commun. | 9 |
| 3. | Les étables. — Soins du bétail — Basse-cour........ | 17 |
| 4. | Boulangerie. — Laiterie, beurre, fromage. — Visite à une jeune malade........................... | 26 |
| 5. | Mort de la jeune fille ; ses obsèques............... | 43 |
| 6. | Lessive. — Lapins............................. | 51 |
| 7. | Poulailler. — Oiseaux des champs................. | 59 |
| 8. | Première étude de Botanique — Tableau de la méthode de A. de Jussieu............................ | 68 |
| 9. | Crucifères. — Renonculacées..................... | 74 |
| 10. | Rosacées...................................... | 83 |
| 11. | Cucurbitacées. Borraginées. Labiées. Convolvulacées. Grossulariées. Caprifoliacées. Liliacées. Iridées.... | 92 |
| 12. | Mois de Marie. Musique religieuse. — Botanique (suite): Légumineuses. Solanées. Composées............. | 105 |
| 13. | Fête-Dieu, procession........................... | 117 |
| 14. | Festin à la ferme. Recettes : sauce mayonnaise, crème, plum-pudding................................ | 122 |
| 15. | Botanique (suite). Violariées. Crassulacées. Ombellifères. Plantain. Orchis. Papaveracées. Malvacées. Polygonées. Chenopodées............................ | 128 |
| 16. | Campanulacées. Aristolochiées. Graminées. Linées.. | 142 |
| 17. | Les Abeilles, leurs mœurs, récolte du miel.......... | 149 |
| 18. | Assolements d'une ferme. — Travaux de culture. — Recettes : conserves de fruits, sirops, etc......... | 157 |
| 19. | Fenaison. — Concours régional — Couveuse artificielle. | 163 |
| 20. | Première communion. — Abbaye de Montivilliers..... | 170 |
| 21. | Eclosion artificielle des poulets. — Recettes : Gelée de groseilles ; sirop de groseilles. Ratafia de cassis, de merises, etc. — Culture et préparation du lin..... | 178 |

## TABLE DES MATIÈRES

| Lettres. | | Pages. |
|---|---|---|
| 22. | — Moisson. Hygiène des moissonneurs. Recettes : galette de campagne...................................... | 185 |
| 23. | — Distribution des prix — Retour de la pauvre veuve au pays ................................................... | 194 |
| 24. | — La veuve et l'orpheline recuellies à la ferme.— Labours d'automne — Vaches au piquet. Météorisation. — Récolte des pommes de terre, leur conservation. — Semailles............................................... | 200 |
| 25. | — Visite d'amies du Havre. — Déception................. | 207 |
| 26. | — Veillées à la ferme. — Récoltes des pommes.— Cidre.— Recettes : confitures de poires, conserve de haricots verts, choucroute, salaison du porc, charcuterie de ménage...................................... | 216 |
| 27. | — Retour du père de famille........................... | 228 |
| 28. | — Epilogue. — Mariage................................ | 231 |